All about Adam

Alles, was Mädchen über Jungs wissen müssen

cbt

Außerdem bei cbt erschienen:

»All about Eve – Alles was Jungs über Mädchen wissen müssen«
(30334)

blue4you (Hg.)

All about Adam

Alles, was Mädchen über
Jungs wissen müssen

cbt – C. Bertelsmann Taschenbuch
Der Taschenbuchverlag für Jugendliche
Verlagsgruppe Random House

Umwelthinweis:
Alle bedruckten Materialien dieses Taschenbuchs sind
chlorfrei und umweltschonend.

1. Auflage
Erstmals als cbt Taschenbuch August 2006
Gesetzt nach den Regeln der Rechtschreibreform
© 2006 by cbt/cbj Verlag, München
in der Verlagsgruppe Random House GmbH
Alle Rechte vorbehalten
blue4you ist ein Projekt von das://blaue büro GmbH,
Hamburg, Ansprechpartner: Hans Nolte
Die Erstausgabe erschien 2000 im Verlag Heinrich
Ellermann, Hamburg
Autoren: Franck Winnig, Kristina Kroemer
Co-Autoren: Darius Diekmann, Carola Nowak,
Kerstin Walker
Umschlagbild: Fotosearch
Umschlaggestaltung: init.büro für gestaltung, Bielefeld
Fotos im Innenteil:
Thomas Rusch, www.thomasrusch.com und
Caroline Marti, www.carolinemarti.com
Art Director: Rainer Uhlen
Grafik: Karolina Stasiak
MI • Herstellung: CZ
Satz und Reproduktion: Repro Studio Kroke GmbH,
Hamburg
Druck und Bindung: Těšínská Tiskárna, a.s.,
Český Těšín
ISBN-10: 3-570-30335-7
ISBN-13: 978-3-570-30335-1
Printed in the Czech Republic

www.cbj-verlag.de

INHALT

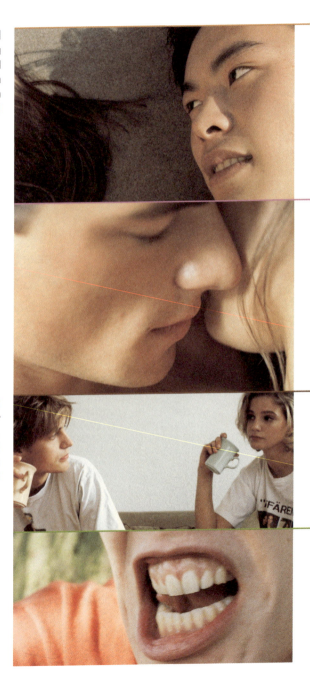

HERZKLOPFEN
Er ist so süß, du findest ihn toll. Und jetzt? Tipps zum Kennenlernen von
16 - 51

VERLIEBT
Was ist das überhaupt, Liebe? Total verknallt ab Seite
52 - 93

ZUSAMMENSEIN
Der Alltag eurer Beziehung beginnt. Risiko und Möglichkeit von
94 - 115

HERZ-SCHMERZ
Es tut verdammt-dammt weh. Liebeskummer von
116 - 145

INHALT

HERZ-KLOPFEN		
	18	STORY
	20	MANUEL L.: „MEIN ERSTER FLIRT"
	22	FLIRTRATGEBER
	28	KÖRPERSPRACHE
	30	TREFFPUNKT INTERNET
	36	CHIH-KAI: „CYBERFLIRT"
	38	TREFFPUNKT CLIQUE
	44	TREFFPUNKT SCHULE
	46	TREFFPUNKT AUSGEHEN
	48	MICHEL: „MEIN ERSTES DATE"
	50	TREFFPUNKT SPORT + FREIZEIT

VERLIEBT		
	54	STORY
	56	SEBASTIAN: „1. MAL VERKNALLT"
	58	DU GEHÖRST ZU MIR
	64	WAHRE LIEBE
	68	MANUEL H.: „DIE 1. BEZIEHUNG"
	70	HORMONE UND CO
	72	ELTERN: IHR WOLLT ALLEIN SEIN
	74	SEXUALITÄT
	82	VERHÜTUNG
	88	OLLI: „MEIN ERSTES MAL"
	90	LET'S TALK ABOUT SEX

ZUSAMMEN-SEIN		
	96	STORY
	98	LIEBE UND RESPEKT
	102	MIKE-LEE: „IMMER DIE ANDEREN"
	104	SCHWANGERSCHAFT
	110	JOHANNES: „BEINAHE ELTERN"
	112	ELTERN: MISCHT EUCH NICHT EIN
	114	STANDPUNKTE

HERZ-SCHMERZ		
	118	STORY
	120	LUKE: „UNSERE BEZIEHUNG GEHT ZU ENDE"
	122	EIFERSUCHT
	128	FREMDGEHEN
	132	ANDREAS: „ICH HABE SIE BETROGEN"
	134	LIEBESKUMMER, 1. HILFE

INHALT

NEUBEGINN
Es liegt jetzt an dir selber. Ansätze für den Umgang mit dem Ex auf den Seiten
146 - 167

FINDER
Buchtipps und viele, viele Adressen
178 - 191

SPECIALS
Test, Partnerspiel und Ina Paule Klink & Luke Wilkins machen sich für dich schön

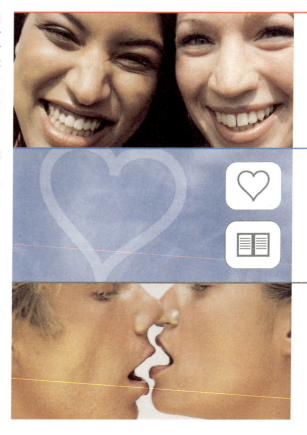

NEU-BEGINN	148	STORY
	152	TOBIAS: „ES IST VORBEI"
	154	SCHLUSSSTRICH ZIEHEN
	158	FRIENDS WILL BE FRIENDS
	160	NACH DER TRENNUNG
	164	SEHNSUCHT

FINDER	180	BUCHTIPPS
	182	ADRESSEN

SPECIALS	10	EDITORIAL
	40	TEST: BIN ICH BEZIEHUNGSFÄHIG?
	140	DAS LIEBESSPIEL
	168	BEAUTY: WHEN A MAN LOVES A WOMAN

EDITORIAL

[liebe und so weiter]

Die Sängerin Naima (Botschafterin ALL ABOUT EVE) über Liebe, Küssen und Lachen und die schönsten, schönsten Geschichten unserer 11 Jungs.

„Willst du was gelten, mach dich selten", hat meine Mutter früher immer zu mir gesagt, wenn ich mal wieder zu Hause saß. Unfähig etwas anderes zu tun, als das Telefon anzustarren und zu warten, dass er anruft. Verliebt. Gibt es ein tolleres Gefühl? Wenn sich dein Magen zusammenzieht, wenn du an ihn denkst? Ständig damit beschäftigt zu sein, einen Typen anzuhimmeln, der anscheinend noch nicht einmal bemerkt, dass du da bist.

Später wurde mir klar, dass es den Jungs umgekehrt nicht anders geht. Dass sie genauso unsicher sind und deshalb Sachen tun, die eigentlich nicht zu erklären sind. So wie Botschafter Michèl (Seite 46). Michèl lernte eine Frau kennen, in die er sich total verknallte. Nur: nach dem ersten Date rief er sie nicht mehr an. Weil er Angst hatte. Unsicher war, was ihn beim nächsten Date erwarten würde. Bis er sich dann endlich aufraffte. Da wollte sie nicht mehr.

„Das Leben ist eine Aneinanderreihung von verpassten Gelegenheiten", heißt es. Aber irgendwie glaube ich das nicht. Ich glaube, dass es so etwas gibt wie Kismet, Schicksal, das bestimmte Menschen zusammenbringt. Wenn es dann so ist, dann weißt du es auch. So wie Manuel (Seite 66) mit seiner ersten Freundin. „Sie war meine Geliebte und meine Freundin", sagt er. Und so soll es auch sein, oder? Das Gefühl, mit dem anderen alles teilen zu können: Gedanken, Zeit, Gefühle.

Liebe, das ist Küssen und Lachen. Und Streiten. Und sich wieder versöhnen. Liebe bedeutet Geborgenheit, Wärme, Zärtlichkeit. Und Liebe bedeutet noch etwas: Liebe bedeutet auch Arbeit. An dir selbst und Arbeit miteinander. Was tust du, wenn dich der andere betrogen hat? So wie Andreas seine Freundin (Seite 130). Wenn du nicht mehr weißt, ob du weiter mit ihm zusammen sein kannst. Lohnt es sich zu kämpfen? Ich habe da meine eigenen Erfahrungen und ich würde sagen: „Ja!" Eine Beziehung bedeutet auch Kampf. Und Selbstüberwindung. Aber irgendwann ist dann auch ein Punkt erreicht, wo man einsehen muss, dass es keinen Sinn mehr hat zu kämpfen. Es tut so verdammt weh, wenn du vor den Trümmern deiner Gefühle stehst. Und dein Herz so schmerzt, dass du glaubst, es nicht ertragen zu können. Es heißt: „Gegen Liebeskummer gibt es kein Mittel" (Seite 133). Du kannst nur warten. Manchmal dauert es länger, manchmal kürzer ...

Eines ist sicher: Irgendwann wirst du wieder jemanden kennen lernen. Und es wird neue Geschichten geben über Herzklopfen, Liebe und Zusammensein. Liebe besteht aus Tausenden von Facetten, aus tausend kleinen Geschichten. Und alle zusammen ergeben das, was wir Liebe nennen. In blue4you sind ein paar davon festgehalten.

Eve Naima

Die Sängerin Naima ist prominente Botschafterin bei blue4you. Ihr findet sie auf vielen Fotos in diesem Buch und – zusammen mit zehn weiteren Botschafter-Kolleginnen – in ALL ABOUT EVE. Dort erzählen sie: Alles, was Jungs über Mädchen wissen müssen.

EDITORIAL

[botschafter]

Hier lernst du die elf neuen Botschafter von blue4you kennen: Sie erzählen dir in ALL ABOUT ADAM ihre persönliche Geschichte. Was ist für uns eigentlich ein Botschafter? Ein guter Typ, der etwas zu sagen hat. Auch wenn manche gut aussehen: Sie sind keine gekauften Models. Sie kommen vom Schulhof oder vom Sportplatz. Ihre Geschichten entstehen dann über Tagebücher und protokollierte Interviews oder als eigene geschriebene Texte.

Manuel

... haben wir in der Hamburger In-Disco „J.´s" entdeckt. Das Fotografen-Team war so begeistert von ihm, dass sie ihn unbedingt für das Titelcover haben wollten. Seine Geschichte ist typisch: Er lernt ein Mädchen kennen, aber traut sich nicht, mit ihr zu sprechen. Sagt einfach gar nichts. Angst. Wie es mit den beiden doch noch etwas wurde ab Seite 18.

Mike-Lee

... ist Fußballer und erzählt von der Zeit, als er vom FC St. Pauli weg nach Frankfurt ging und seine große Liebe mit ihm zog. Für unsere Fotoproduktion stand Mike-Lee zum ersten Mal vor einer Kamera. Die Überraschung: Wenige Tage danach klingelten die ersten Modelagenturen bei uns an und fragten nach ihm. Wie die Zeit in Frankfurt war steht auf Seite 100.

Michèl

... lässt Mädchenherzen höher schlagen. Sein durchtrainierter Körper fällt bei seinen regelmäßigen Besuchen auf Partys einfach auf. Auch uns. Seine Muskeln und auch sein Bewegungstalent stammen von seiner Zeit als Go-Go-Tänzer in zahlreichen Clubs. So ein Typ hat keine Schwierigkeiten, Mädchen kennen zu lernen. Dennoch erinnert er sich an seine Schwierigkeiten beim „ersten Date" ab Seite 46.

Andreas

... hat die Welt schon gesehen. Als Tänzer für C.C. Catch war er eineinhalb Jahre lang auf Welttournee. Wir sahen ihn tanzen und waren begeistert. Jetzt macht er Station bei blue4you. Seine Karriere wird er demnächst fortsetzen, und wir werden dabei sein. Du bist jetzt dabei, wenn er von seinem Fehltritt in Moskau erzählt auf Seite 130.

Manuel

... ist unser Jüngster. Er ist uns durch seine freche Art aufgefallen. „Der ist ja wohl total durchgeknallt", war der Kommentar einer Mitarbeiterin, als er bei uns aufgetaucht ist. Und das war positiv gemeint. Manuel ist trotz seiner 16 Jahre schon sehr gefestigt. Er hat eine eigene Persönlichkeit und geht seinen Weg. Momentan natürlich noch täglich zur Schule. Seine Story: Seite 66.

EDITORIAL

Olli

... hat schon einige Foto-Shootings hinter sich gebracht, da er seit einigen Monaten als Model arbeitet. Wir trafen ihn eher zufällig über eine Freundin und die einhellige Meinung war: Olli ist total süß! Und dann erzählte er uns von seinem ersten Mal, das eigentlich geschummelt war. Seine Ex-Freundin von damals wird sich wundern, wenn sie Ollis Geständnis liest, über sein „erstes, zweites Mal". Seite 86.

Chih-Kai

... ist ein echtes „Straßenkind". Er fiel uns nämlich wie ein Geschenk des Himmels beim Shopping auf der Hamburger Mönckebergstraße auf. Wir wussten gleich: Das ist unser Mann, wie er da entlangkam, in seinem abgefahrenen Styling und dem Skateboard unterm Arm. Auf seine Frisur fuhr vor allem Styling-Assistentin Astrid ab. Chih-Kais Cyberlove kannst du miterleben ab Seite 34.

Johannes

... hat uns durch seine Frechheit und Lässigkeit sofort erobert: Kappe quer auf dem Kopf und eine freche Klappe. Nach seinem Abi wartet er jetzt auf den Zivildienst oder den Durchbruch als Moderator bei einem Musiksender. Seine Geschichte über die Beinahe-Vaterschaft findest du auf Seite 108.

Tobias

... ist 22 Jahre alt und spielt den Gideon in der Daily-Soap „Unter Uns". Er ist unser besonderer Liebling geworden, denn er identifiziert sich besonders stark mit dem Projekt, obwohl er durch seinen Job nicht viel Freizeit hat. Kürzlich hatte er seine erste Nebenrolle in einer Hollywood-Produktion. Bei uns möchte er dennoch nicht „Star" sein, sondern ein Freund. Seine Story gibt's ab Seite 150.

Luke

... der Christian Toppe aus „Verbotene Liebe" spielt im TV einen wilden DJ. Mädchen fällt er als Erstes durch seine Stimme auf, aber das wird sich ändern, wenn sie die sexy Fotos mit Ina Paule Klink (Seite 166) sehen. Luke spielt privat Geige, verfasst Gedichte und für uns auch Texte. Mit viel, viel Gefühl schreibt Luke vom großen Knall, als sie ihn verlässt. Ab Seite 118.

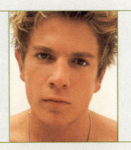

Sebastian

... der langhaarige Friseur-Azubi ist ein echter Grunge-Typ! Sebastian ist 20 und träumt von einem „langen, sehr langen Urlaub in der Südsee". Freiheit spüren. Wie in der Liebe. „Das erste Mal verliebt", erzählt er in einem unserer vielen Protokolle, „ist Freiheit im Kopf und die große, grenzenlose Leichtigkeit." So wird's kuschelig und romantisch in seiner Geschichte, die du auf Seite 54 findest.

HERZKLOPFEN story

er hatte das neue Aftershave aufgelegt, das Anne ihm geschenkt hatte. Calvin Klein. Teuer. Es war ihm ein bisschen unangenehm gewesen, das Geschenk anzunehmen. Anne gab ihm manchmal das Gefühl, dass ihr sein Geschmack nicht gefiel. Nicht, dass sie etwas gesagt hätte. Aber irgendwie schien sie innerlich die Nase zu rümpfen, wenn er mit einem neuen Hemd ankam oder einer neuen CD. Und auf den neuen 50er-Jahre-Sessel in seinem Zimmer, für den er seine Eltern ewig bekniet hatte, setzte sie sich auch nie.

Heute wollten sie ausgehen. Anne hatte ein Restaurant ausgesucht. Und er war bei der Bank gewesen, um dafür Geld von seinem Konto abzuheben. Eigentlich sparte er, um nach der Schule zwei Monate reisen zu können. Nach Australien. Känguruhs sehen und Surfen, bevor der Ernst des Lebens begann. Aber Anne war nun mal eine Luxusfrau. Und er wusste, dass er ihr etwas bieten musste, wenn er sie behalten wollte. Und das wollte er unbedingt, denn er konnte immer noch nicht glauben, dass er es tatsächlich geschafft hatte, ein so unglaublich schönes Mädchen als Freundin zu bekommen. Seitdem war er der Held seines Jahrgangs. Anne hatte so viele seiner Mitschüler abblitzen lassen.

Er würde sie mit der Vespa abholen. Anne stand nicht wirklich auf seinen Roller und nörgelte, dass sie nie ihre Lieblingskleider anziehen könne, wenn sie damit unterwegs waren. Aber was sollte er machen. Er wurde erst in einem Monat 18, und ein eigenes Auto war sowieso nicht drin. Er würde sich schon freuen, wenn seine Eltern ihm wenigstens den Führerschein schenkten. Er ging die Auffahrt hinunter. Da hing ein Briefumschlag an seiner Vespa. Oh nein. Das konnte nur Tanja gewesen sein. Tanja, das Mädchen, mit dem er vor Anne zusammen gewesen war. Die Beziehung war in einer absoluten Katastrophe zu Ende gegangen, und er wollte auf gar keinen Fall wieder daran erinnert werden.

Dabei hatte es so schön angefangen, damals vor eineinhalb Jahren. Er war die Auffahrt hinuntergegangen und hatte einen Zettel an seinem Roller gefunden. „Es ist Unsinn, sagt die Vernunft" stand da drauf, und das Papier duftete nach Parfum. Es konnte nur von dem Mädchen stammen, das ihm seit Monaten im Bus zulächelte. Er hatte sich so gefreut, denn dieses Lächeln war sein einziger Lichtblick in all den Monaten gewesen, in denen er eine Klausur nach der anderen vergeigt, sich nur noch mit seinen Eltern und seiner bescheuerten Schwester herumgestritten hatte und auch noch von einer blöden Kuh aus seiner Schule abgelinkt worden war. Die hatte auf einer Party wild mit ihm rumgeknutscht, und er hatte geglaubt, sie wären jetzt ein Paar, dabei wollte sie nur ihren Ex-Freund eifersüchtig machen.

Und als er schon glaubte, dass er für immer ein Versager bleiben würde, ergriff dieses süße Mädchen mit dem zauberhaften Lächeln die Initiative. Sie ritt in einem Stall ganz in seiner Nähe. Er hatte sie mal beim Ausreiten gesehen und dafür bewundert, wie selbstverständlich sie auf dem riesigen braunen Pferd saß, aber er hatte es nicht gewagt, sie anzusprechen.

story

Aber nachdem sie den ersten Schritt gemacht hatte, musste er reagieren. Er wusste nur nicht genau wie. Und er hatte überhaupt keine Ahnung, was dieser Satz auf dem Zettel eigentlich bedeuten sollte. So ging ihm das oft mit Mädchen. Sie interessierten ihn, aber wenn er sich mit ihnen unterhalten wollte, kapierte er oft nicht, was sie meinten. Als würden sie eine andere Sprache sprechen. Und ihren Kult um die Fernsehserie Ally McBeal konnte er auch nicht verstehen. Das war ja ganz witzig, aber diese hysterische Zicke konnte doch wohl niemand ernst nehmen.

Auf gut Glück war er nachmittags in den Reitstall gefahren. Mit klopfendem Herzen. Und ohne zu wissen, was er dort eigentlich machen sollte. Mit dem Mädchen reden, vermutlich. Aber sie erwartete bestimmt, dass er was zu dem Satz auf dem Zettel sagte. Anne hatte vor dem Stall in der Sonne gesessen. Zu der Zeit war Anne nur eine von allen bewunderte, unerreichbare Mitschülerin gewesen, die ihn gerade mal grüßte. Trotzdem hatte er sich in seiner Not an sie gewandt und ihr den Zettel gezeigt. Sie hatte gelacht. Und gesagt, wie süß sie das finde. Und dass das eine Zeile aus einem Gedicht sei, das weiterginge mit „Es ist, was es ist, sagt die Liebe". Er war ihr so dankbar gewesen und schrieb den Satz auf ein Stück Papier, das er unter Tanjas Sattel hängte. Tanja. So hieß das Mädchens mit dem zauberhaften Lächeln, sagte Anne. Und dann war er wieder gegangen, hatte sich unter einen Baum gesetzt, da, wo man in den Wald abbiegen konnte, und gewartet. Es dauerte nicht lange, bis Tanja kam. Mit vom Wind zerzausten Haaren auf dem großen braunen Pferd. Sie hielt an und fragte, ob er mitkommen wolle. Und er kletterte einfach hinter ihr auf dieses Riesentier, und dann ritten sie durch den Wald, und sie erwartete nicht, dass er irgendetwas sagte.

So selbstverständlich war das gewesen. Und so romantisch. Aber er wollte sich nicht mehr daran erinnern. Tanja war für ihn gestorben. Sie hatte sich am Ende einfach unmöglich aufgeführt und sich selbst und ihn in aller Öffentlichkeit lächerlich gemacht. Und jetzt gab es Anne. Die so großartig war. Und zu der er jetzt zu spät kommen würde, weil er so lange auf den Briefumschlag geglotzt hatte. Das schätzte sie gar nicht. Und den Umschlag würde er nicht aufmachen. Die Geschichte mit Tanja war vorbei.

„Das ist ja reizend, dass du auch endlich kommst. Ich glaube, wir waren vor einer halben Stunde verabredet." Anne war sauer. Und sah phantastisch aus. Sie trug einen knallengen kurzen Rock und hatte ihre langen, blonden Haare kunstvoll hochgesteckt. So würde sie jedenfalls nicht auf der Vespa mitfahren können. Er entschuldigte sich tausend Mal für seine Verspätung, der Roller sei nicht angesprungen. „Wir nehmen sowieso ein Taxi, ich möchte auch mal was anderes anziehen als Jeans." Okay, ein Taxi also. Und hoffentlich fand sie es nicht blöd, dass er Jeans anhatte. Sie küssten sich an der Straßenecke, bis das Taxi kam. Eigentlich könnten sie sich das Essengehen schenken, fand er. Eigentlich wollte er sofort mit Anne schlafen. Aber er traute sich nicht, das vorzuschlagen…

▶ S. 54

19

HERZKLOPFEN botschafter

„MEIN ERSTER FLIRT"
ICH, MANUEL, 19

_Liebe macht stumm. Am Anfang jedenfalls. Ich war 15 – und verliebt, zum ersten Mal richtig verliebt. Sie war das süßeste Mädchen, das ich je gesehen hatte. Und ich? Brachte kein Wort heraus, war sprachlos, wortlos, hilflos. Ich dachte, ich dreh durch. Aber irgendwann habe ich die Kurve gekriegt. Vorsichtig, ganz zart habe ich den Arm um sie gelegt – um Silke, meine erste große Liebe ...

klar hatte ich vorher schon mit anderen Mädchen geflirtet, auch schon ein paar Freundinnen gehabt – wenn man es so nennen kann. Das waren so kurze Beziehungen, wie man sie mit 13, 14 eben hat, weil's dazugehört. Die aber nicht wirklich wichtig sind.
Bei Silke war alles anders. Das wusste ich in dem Moment, in dem ich sie zum ersten Mal sah. Sie war mit einer Klassenkameradin von mir befreundet. Wir begegneten uns auf einer Party und sie fiel mir sofort auf. Das heißt – eigentlich fiel mir vor allem auf, dass ich ständig zu ihr rüberschaute. Ich hatte ja keine Ahnung vom Flirten. Oder von Liebe. Ich merkte nur, dass ich immer zu ihr hinschauen musste.

Von diesem Tag an war nichts mehr wie vorher. Meine Gefühle spielten verrückt, wurden immer intensiver, aber auch verwirrender. Ich konnte an nichts anderes mehr denken. Alle meine Gedanken kreisten um Silke ... morgens beim Aufstehen, in der Schule, beim Fußballspielen, wenn ich mit meinen Freunden zusammen war, abends vor dem Einschlafen ... und nachts! Nachts, wenn ich von ihr träumte – von Silke, nach der ich mich so sehnte und mit der ich noch nie ein Wort gewechselt hatte ...

Stärker als tausend Worte

In den nächsten Wochen habe ich sie ein paar Mal gesehen – und das meine ich wörtlich. Wenn wir uns begegnet sind, haben wir uns immer nur angeschaut, aber nie miteinander gesprochen.

Dabei wünschte ich mir nichts mehr, als auf sie zuzugehen, mich mit ihr zu unterhalten, mehr über sie zu erfahren – aber ich war stumm, stumm wie ein Fisch.

Aus lauter Angst, ich könnte etwas Falsches sagen.

Dann geschah das Unglaubliche: Silke rief bei mir an und lud mich zu einer Fete ein! Ich war völlig durcheinander, aufgeregt, glücklich und panisch zugleich.

Auf der Party kam es, wie es kommen musste: Ich kriegte den Mund nicht auf. Es war total verrückt: Mit den anderen Mädchen konnte ich locker flirten, witzig sein – und kam auch gut an. Aber bei Silke, der Einzigen, die mir wichtig war: No chance, kein Sterbenswörtchen kam über meine Lippen. Warum? Keine Ahnung. Vielleicht kennst du es: Du möchtest etwas sagen, suchst fieberhaft nach den richtigen Worten – und findest sie nicht. Eigentlich suchst du Zauberworte – Worte, die sicherstellen, dass deine Liebe erwidert wird. Aber ich glaube, die gibt's nicht ...

Ich schwieg also, schaute zu ihr rüber, lächelte sie an. Stumm. Aber Gefühle wirken stärker als tausend Worte. Wir spürten beide, dass die unsichtbare Mauer des Schweigens heute fallen musste, die Mauer, die uns noch trennte.

Irgendwann wanderte mein Arm behutsam in Silkes Richtung, berührte meine Hand zögernd, wie fragend, ihre Schulter ...

Rosarote Zeiten

Sie schaute mich an. Lächelte. Und plötzlich wusste ich, worauf ich die ganze Zeit gewartet, was ich so herbeigesehnt hatte. Ihr Lächeln baute eine Brücke – eine Brücke, über die meine Worte den Weg zu ihr fanden. Die Zeit des Schweigens war vorbei ...

An diesem Abend erschien mir die ganze Welt rosarot – rosarot wie Silkes T-Shirt, in dem sie so mädchenhaft zart und zugleich verführerisch wirkte. Ich schwebte auf einer rosaroten Wolke, sah sie durch eine rosarote Brille – Silke, meine erste große Liebe, die an diesem Abend meine Freundin wurde.

Manuel hat gerade seine Schule beendet. Er orientiert sich jetzt, was ihm beruflich am meisten Spaß machen könnte.

INFO

HERZKLOPFEN   flirtratgeber

[das schönste spiel der welt]

Dein Blick trifft seinen. In der Eisdiele. Am Skilift. Im Schwimmbad oder beim Joggen. Irgendwo. Auf einmal bist du hellwach. Dein Herz schlägt schneller, und du hörst dich Dinge sagen, die du dir selbst nicht zugetraut hättest. Ein klarer Fall von Flirt ...

eigentlich wollte sie nur schnell Sonntagsbrötchen holen. Aber in der Bäckerei begegnete sie diesem süßen Typen. Er lachte sie an, sie lachte zurück. Was dann geschah? Sie gingen einen Kaffee trinken, erlebten einen heißen Flirt – und sahen sich nie wieder. Was blieb, war die Erinnerung an diesen wunderbaren Morgen auf der sonnendurchfluteten Caféterrasse, an die prickelnde Mischung aus Spannung und Unverfänglichkeit, aus Gesten, Blicken, Worten und Gefühlen ...

Das Spiel mit den Blicken

Ein Blickwechsel im Bus, ein Smalltalk im Supermarkt, eine leichte Berührung in der Disco ... Flirts passieren überall, jederzeit. Sie haben tausend Gesichter – und eine Gemeinsamkeit: Jeder Flirt ist Spannung pur. Denn möglich ist alles – oder nichts. Ob ihr euch nur tief in die Augen seht oder ein paar Stunden zusammen verbringt, ob ihr euch nie wieder begegnet oder dicke Freunde werdet – alles ist offen. Und natürlich gibt es auch Flirts, aus denen die große Liebe wird. Aber wer weiß das schon am Anfang?

Die Sache mit der Ausstrahlung

Sabine, 19, kannte Flirts früher nur vom Zuschauen. Heute weiß die Schülerin, woran das lag – und worauf es beim Flirten ankommt. „Ich war damals sehr schüchtern und habe versucht, meine Unsicherheit durch perfektes Styling zu überspielen", erzählt sie. Als Sabine 15 war, zog ihre Familie vom platten Land nach Hamburg – „ein echter Kulturschock", wie Sabine sagt. „Ich fühlte mich wie Klein-Doofi vom Land.

Wenn ich mit den Mädchen aus meiner Klasse wegging, haben die anderen geflirtet, was das Zeug hielt. Für mich interessierte sich keiner – da half mir mein ganzes Styling nichts." Das änderte sich schlagartig, als Sabine selbstbewusster wurde. „Irgendwann habe ich gemerkt, dass die anderen auch nur mit Wasser kochen. Ich bemühte mich nicht mehr krampfhaft, so oder so zu sein, sondern zeigte mich einfach so, wie ich bin. Das war alles – und plötzlich ging das Flirten wie von selbst."

Tatsächlich ist deine Ausstrahlung viel wichtiger als die coolsten Klamotten und das gelungenste Make-up. Wer sich selbst mag und sich super fühlt, der kommt auch bei anderen gut an.
Und das ist die beste Voraussetzung für jeden Flirt ...

INFO

Gefühle, die jeder kennt ...

Flirts müssen nicht unbedingt etwas mit Verliebtheit zu tun haben. Vielen geht es wie Michèl, Botschafter für ALL ABOUT ADAM, der oft nur so zum Vergnügen flirtet. „Flirten ist für mich ein richtiges Hobby", erzählt der 21-Jährige. „Es ist ein total gutes Gefühl, wenn man bei den anderen ankommt – und eine Bestätigung fürs Ego." Michèl checkt erst einmal vorsichtig ab, wie ein Mädchen zu ihm steht. Erst wenn er ziemlich sicher ist, dass sie sich für ihn interessiert, spricht er sie an. „Wenn mir ein Mädchen richtig gut gefällt, schaue ich immer wieder zu ihr rüber. Und wenn sie den ganzen Abend zurückschaut, dann weiß ich, dass ich mich trauen kann." Denn eines will Michèl vermeiden: „Ich hab absolut keine Lust, zurückgewiesen und bloßgestellt zu werden. Dann ist der Abend für mich gelaufen."

Michèl spricht etwas an, das wir alle kennen: die Angst, dem anderen nicht zu gefallen, abgelehnt zu werden. Einen sicheren Schutz vor Zurückweisung gibt's beim Flirten leider nicht – nur ein paar Vorsichtsmaßnahmen. Dazu gehört zum Beispiel, dass du erst vorsichtig prüfst, wie dein Gegenüber zu dir steht, bevor du ihn näher an dich heranlässt. Grundsätzlich gilt fürs Flirten aber: No risk, no fun ... Die Entscheidung liegt bei dir!

Die Story von Michèl findest du auf S. 48

HERZKLOPFEN — flirtratgeber

[der erste schritt]

Ein umwerfender Typ, der Dunkelhaarige da drüben. Du beobachtest ihn. Stellst fest, dass er dir wirklich gut gefällt. Überlegst, wie du ihn auf dich aufmerksam machen könntest ... Mit einem heißen Blick, einem viel sagenden Lächeln? Mit einer vorgeschobenen Frage oder einer SMS?

Wann du ihn direkt ansprechen kannst:

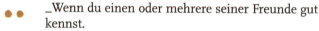
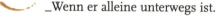

_Wenn du einen oder mehrere seiner Freunde gut kennst.
_Wenn er alleine unterwegs ist.
_Wenn du eine oder mehrere Freundinnen dabeihast.
_Wenn du ziemlich sicher bist, dass er sich auch für dich interessiert.
_Wenn er dir so gut gefällt, dass du jedes Risiko eingehen würdest, um ihn näher kennen zu lernen.

Wann du ihn besser nicht direkt ansprichst:

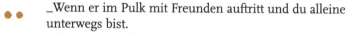
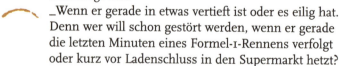

_Wenn er im Pulk mit Freunden auftritt und du alleine unterwegs bist.
_Wenn er gerade in etwas vertieft ist oder es eilig hat. Denn wer will schon gestört werden, wenn er gerade die letzten Minuten eines Formel-1-Rennens verfolgt oder kurz vor Ladenschluss in den Supermarkt hetzt?

INFO

Was du tun kannst, damit er dich anspricht

Du traust dich nicht, ihn anzusprechen? Dann hilf ihm wenigstens indirekt, den ersten Schritt zu machen! Denn eines ist sicher: Er ist genauso aufgeregt wie du, hat genau wie du Angst, abgelehnt zu werden, sich zu blamieren … Wenn du ihm mit deinen Blicken, mit einem kleinen Lächeln und einer offenen Körperhaltung dein Interesse zeigst, machst du ihm die erste Annäherung sehr viel leichter.

Mehr zur Körpersprache findest du auf S. 28

Und dann?

Wenn du nicht warten willst, bis der Junge auf dich zugeht, hast du die Wahl: Du kannst ihn direkt ansprechen oder ihm eine SMS schicken. Andere Varianten, z.B. das Vorschicken einer Freundin oder irgendwelche anderen Tricks, kommen selten gut an. Wenn du dich fürs direkte Ansprechen entscheidest, brauchst du erst einmal viel Mut. Der Vorteil dieser Methode: Du kannst dich, falls nötig, sofort wieder zurückziehen, ohne dass es allzu peinlich wird. Bei der Handy-Message ist die erste Kontaktaufnahme zwar leichter, weil du zunächst anonym bleiben kannst. Der Nachteil: Falls der Junge deine Begeisterung nicht teilt, kannst du bei dieser Variante nicht einfach so tun, als hättest du dich nie für ihn interessiert. Bleibt noch die Frage, wie du an seine Handynummer kommst. „Nichts leichter als das", sagt Sabine. „Ich habe sogar schon wildfremde Leute gebeten, für mich die Nummer eines interessanten Typen zu erfragen. Solange er nicht weiß, dass ich dahinter stecke, ist die Sache doch völlig unverfänglich."

INFO

Was Jungs an Mädchen gefällt

Die ideale (Flirt-)Partnerin ist fröhlich, locker und natürlich. Sie hat ein herzliches, offenes Lächeln und viel Humor – Spaß muss sein! Absolut out sind aufgetakelte Tussen. Aber auch Mädchen, die überheblich und arrogant wirken, haben schlechte Chancen.

HERZKLOPFEN

Chih-Kai in Flirtlaune: „Privat bin ich aber eher etwas zurückhaltend."

[dos and don'ts beim flirt]

Jeder Flirt ist anders, unverwechselbar, einmalig. Deshalb können wir dir hier keine Schritt-für-Schritt-Anleitung fürs Flirten bieten – dafür aber praxiserprobte Tipps, die dir so manchen Flop ersparen können.

_ **BLEIB DU SELBST!** Bitte kein zentimeterdickes Make-up und keine übertrieben sexy Kleidung – die meisten Jungs mögen's lieber natürlich!

_ **FIND HERAUS**, ob er solo ist. Wenn nicht, lass den Flirt besser bleiben – sonst kann die Sache ganz schön stressig werden.

_ **ZEIG, WAS DU FÜHLST!** Spar dir Tricks wie gespielte gute Laune oder aufgesetztes Lächeln!

_ **(FAST) ALLES IST ERLAUBT**: Deine Blicke, dein Lächeln und deine Körpersprache haben eine starke Wirkung. Du kannst deine Vorzüge also ganz gezielt einsetzen – aber bitte nicht übertreiben, sonst wirkst du leicht aufdringlich oder oberflächlich!

_ **KEINE DUMMEN SPRÜCHE!** – so was kommt bei den wenigsten Jungs gut an. Altbewährt und nach wie vor Erfolg versprechend sind Fragen nach dem Weg, der Uhrzeit oder der nächsten U-Bahn-Haltestelle.

_ **MACH DICH NICHT SCHLECHT!** Vermeide Formulierungen wie „Ich bin ja so blöd!" oder: „Das war mal wieder typisch für mich ..." Wer interessiert sich schon für jemanden, der so „blöd" ist, wie du dich darstellst?

_ STELL OFFENE FRAGEN! Erkundige dich nach seiner Schule oder seinem Job, seinen Freunden, seinen Hobbys – nach allem, was dich interessiert. Am besten sind Fragen, die er nicht einfach mit Ja oder Nein beantworten kann. Frag also nicht: „Magst du Britney Spears?", sondern besser: „Welche Musik magst du?"

_ SAG IHM, WAS DIR AN IHM GEFÄLLT! Aber immer schön bei der Wahrheit bleiben ...

_ SCHENK IHM DEINE AUFMERKSAMKEIT! Halt während des Flirts nicht ständig Ausschau nach deinen Freundinnen – und schon gar nicht nach anderen Jungs!

_ RESPEKTIER SEINE GRENZEN! Auch wenn du ihm am liebsten gleich um den Hals fallen würdest: Bitte halte dich vor allem am Anfang zurück – sonst wird es ihm vielleicht schnell zu viel!

INFO

Verbotene Flirts
Flirten macht Spaß – keine Frage. Es gibt allerdings auch Jungs, mit denen du dich nicht einmal auf den harmlosesten Flirt einlassen solltest. Dazu gehören die Freunde deiner Freundinnen genauso wie der Freund deiner Schwester. Auch wenn es schwer fällt: Lass die Finger von diesen Jungs – sonst gibt's früher oder später garantiert Ärger!

Open-End ...

Geschafft: Ihr seid ins Gespräch gekommen. Du zeigst dich von deiner besten Seite. Blickst ihm tief in die Augen. Sagst witzige Dinge. Lachst, spielst mit deinen Reizen – und genießt das unbeschreibliche Gefühl, gut anzukommen.

Wie es weitergeht? Ist im Moment nicht wichtig. Jetzt zählt nur der Augenblick – dieser traumhafte Flirtzustand, der oft genauso überraschend endet, wie er begann ...

| HERZKLOPFEN | körpersprache |

[bodytalk]

_Stimmungsbombe oder Trauerkloß, Femme fatale oder Mauerblümchen? Wie du auf andere wirkst, hängt stark von deiner Körpersprache ab.

Chih-Kai sagt dir auch ohne Worte, wie er sich fühlt: unsicher und gehemmt.

Sie fühlte sich ausgegrenzt. Verletzt und einsam. Vor allem einsam. Um sie herum tobte die Party. Alle amüsierten sich, waren gut drauf, tanzten, lachten, flirteten ... Fast alle. Alle außer ihr. Sie saß alleine da und hatte nur einen Wunsch: zu sein wie die anderen. Mitlachen, mittanzen, mitflirten zu können – dazugehören ...
Es gibt Menschen, die können anziehen, was sie wollen. Können den größten Blödsinn reden, von einem Fettnäpfchen ins nächste stolpern – und kommen trotzdem überall gut an. Und es gibt Leute, die sehen immer super aus, haben jederzeit den passenden Spruch auf den Lippen – und können dennoch nirgendwo landen. Woran das liegt? An ihrer Ausstrahlung, an den Körpersignalen, die wir alle ununterbrochen aussenden ...

Endlich – da ist er: der Typ, auf den du schon den ganzen Abend gewartet hast. Dein Herz klopft bis zum Hals, deine Hände werden feucht, und vor lauter Unsicherheit würdest du dich am liebsten verkriechen. Halt! Das ist genau die Falle, in die wir alle bestimmt schon einmal getappt sind. Wenn du jetzt nicht gegensteuerst, strahlst du genau das aus, was die Unsicherheit dir vorgibt: Du ziehst die Schultern hoch, verschränkst die Arme. Schaust in eine andere Richtung, reckst das Kinn ein bisschen vor – und bist die Unnahbarkeit in Person. Der Typ, der dich jetzt noch anspricht, muss verrückt sein.

Die wichtigste Regel: Nicht verkrampfen! Fast alle negativen Körpersignale hängen mit Angst und Unsicherheit zusammen – oder mit Wut und Aggression. Gegen beides hilft es, tief in den Bauch zu atmen, möglichst locker zu bleiben und sich klarzumachen, was man eigentlich erreichen möchte.

Atme tief durch, stell dir vor, dass du dein Ziel (diesen Typen kennen zu lernen) ganz sicher erreichen wirst – und schon verändert sich deine ganze Körpersprache: Du sitzt locker da, hältst den Kopf vielleicht ein bisschen schräg. Dein Blick ist offen, aber nicht aufdringlich, deine Handhaltung unverkrampft (zum Beispiel eine Hand auf deinem Oberschenkel, die andere vor dir auf dem Tisch) – und natürlich schadet es nicht, zu lächeln, wenn eure Blicke sich begegnen! So signalisierst du: „Mir geht's gut. Ich mag mich so, wie ich bin. Geht's dir auch so? Dann sollten wir uns kennen lernen ..."

Kleiner Kurs in
Körpersprache

		+	−
Kopfhaltung		gerade, evtl. leicht schräg nach einer Seite geneigt: zeigt Aufgeschlossenheit	nach unten geneigtes Kinn: wirkt drohend oder trotzig; nach oben gestrecktes Kinn: wirkt arrogant
Oberkörper		locker und aufrecht: signalisiert Selbstsicherheit	Brust raus, Bauch rein: wirkt verkrampft; zusammengekauerte Haltung: signalisiert Unsicherheit
Arme und Hände		ruhige, bestimmte Gesten und lockeres Mitschwingen im Gehen: wirkt souverän	fahrige Bewegungen: signalisieren Unsicherheit; Fingernägelkauen: Nervosität und Unausgeglichenheit
Beine und Füße		parallel mit guter Bodenhaftung: zeigen Selbstsicherheit an	überkreuzte Beine: drücken Unsicherheit aus
Mimik und Gestik		lockerer Gesichtsausdruck, gelassener Blick, Lächeln: signalisieren Selbstsicherheit und Offenheit	hochgezogene Augenbrauen: wirken erschrocken; direkt fixierender Blick: wirkt aggressiv; Stirn in Falten: wirkt sorgenvoll

HERZKLOPFEN treffpunkt internet

[e-mail für dich]

_Kennenlernen per Internet? Völlig bescheuert oder witzige Alternative: ein Report über die Flirtfactory zwischen Bits und Bytes.

den richtigen Jungen kennen zu lernen ist nicht leicht. Vor allem, wenn du ein bisschen schüchtern bist. Stell dir vor, du siehst ihn auf der Straße, traust dich aber nicht, ihn anzusprechen. Oder du hoffst, dass er sich in deinem Lieblingsclub genau den Platz neben dir an der Bar sucht. Und du träumst davon, wie er dich anlächelt. Doch leider gingen deine Träume bisher nicht in Erfüllung. Vielleicht gibt es eine bessere Chance, seinen Weg doch noch zu kreuzen. Eine, bei der du dich trauen wirst. Vielleicht versuchst du es mal mit einem Flirt im Netz? Denn im Internet tummeln sich die Sehnsüchtigen auf der Suche nach Kontakten. So wie Ole, der sein Mädchen auch noch nicht gefunden hat. Er will es endlich wissen, deshalb ist der 18-Jährige auch fast täglich über die Flirt-Line von Yahoo aktiv. Blitzschnell tippt der Abiturient zur Anmeldung Ole18, seine Identität, in den Computer. Über diese ID und sein persönliches Passwort gelangt er dann in die Welt der Chat- und Flirt-Rooms. Wenn er in den vergangenen Tagen im Netz war, traf er hier immer wieder auf ein ganz besonderes Mädchen namens Jeannie17. Mit ihren ernsten Botschaften machte sie Ole richtig neugierig.

„**Wer bist du, Jannie17?**", sendet er der Unbekannten.

„**Eine Fee**", erreicht ihn prompt die verschlüsselte Botschaft.

„**Eine Fee, die selbst drei Wünsche hat ...**", gibt Jeannie zu.

„**Lass hören, vielleicht bin ich ja der Richtige, um sie dir zu erfüllen ...**"

„**Mein erster Wunsch an dich: Ich wünsch mir so, endlich jemanden zu treffen, mit dem ich wirklich reden kann.**"

„**What's on your mind, babe?**"

„**Ich bin hier erst vor kurzem her gezogen und fühle mich manchmal so allein. Mir kommt es vor, als wäre ich die Einzige, der das so geht ...**"

Oles Schüchternheit ist wie weggeblasen und er will alles über die Süße herausfinden. Im Internet fällt es ihm auf einmal gar nicht schwer, ihr sein Interesse offen zu zeigen. Und es scheint, als hätte Jeannie auf Oles Signal nur gewartet. Sie reden über Einsamkeit und Sehnsucht und diskutieren online über den Sinn des Lebens. Dabei kommen sie sich trotz der räumlichen Distanz ganz schön nahe und irgendwann entwickelt sich ein wunderbarer Flirt. Ole und Jeannie verstehen sich so gut, dass der Wunsch, den anderen zu treffen, immer stärker wird. Bevor sie ihren Internet-Kontakt nach unzähligen Chat-Minuten diesmal abbrechen, machen sie ihr erstes, echtes Date noch ganz schnell klar.

Wer im Internet chattet, kann angenehm überrascht werden. Du hast dort die Möglichkeit, dich im anonymen Raum zu unterhalten. Triffst dabei auf Leute, die mit dir in Echtzeit, also in genau diesem Augenblick, reden. Mit ihnen kannst du plaudern, lästern und „online lachen". Vor allem aber kannst du flirten, ohne rot zu werden. Denn da ist ja keiner, der dich direkt ansieht und verlegen macht. Du wirst ganz schnell merken, ob sich jemand ernsthaft für dich interessiert oder ob er nur ein Spiel sucht. Um herauszufinden, was sich wirklich aus deinem Flirt entwickeln kann, musst du dich – vorsichtig – auf den anderen einlassen. Über eure Mails könnt ihr euch wunderbar kennen lernen und beim ersten Treffen wisst ihr schon eine Menge übereinander. So wie Ole und Jeannie, die nun endlich live erleben wollen, mit wem sie es im Internet die ganze Zeit zu tun hatten. Die beiden treffen sich morgen.

HERZKLOPFEN   treffpunkt internet

„**Auf Wiedersehen**", schreibt Ole.
„**Bis dann**", antwortet Jeannie, „**wir sehen uns in der Wirklichkeit.**"

Als sie den Blick vom Monitor wendet, ist die Aufregung schon da. Jeannie spürt ein sanftes Pochen in der Herzgegend, das bestimmt noch stärker wird, wenn Ole endlich vor ihr steht. Und seltsam, irgendwie fühlt sie sich schon längst nicht mehr so allein.
Auch Greg war einsam, aber er fragte sich auch, was ihm ein Chat wirklich bringen solle.
„Es fiel mir richtig schwer, mir vorzustellen, was da abgehen kann, wenn ich mit einem Mädchen online flirte", erzählt der 20-Jährige.
„Was dann kam, übertraf alle Erwartungen", erinnert sich der angehende Fotograf.
Lucy war im Chat, weil ihre große Liebe gerade zerbrochen war. Sie suchte einfach jemanden, der sie trösten konnte.

Was ist ein Chat?
In einem Chat-Room trifft man sich, um sich durch getippte Nachrichten zu unterhalten. Es gibt Chat-Rooms wie die Flirt-Line, aber auch Chat-Foren, wo du über unterschiedliche Themen wie zum Beispiel „Weltanschauung", „Mode" usw. diskutieren kannst. Was auch immer du suchst, für fast alles findet sich im Internet ein Kontakt.

Zwischen Greg und Lucy entwickelt sich eine tiefe Freundschaft, bevor daraus mehr wird. Als sie sich dann treffen, haben sie das Gefühl, sich schon zu kennen. Und woher das kommt, wissen alle Chat-Profis: Der Chat ermöglicht dir, von dir zu erzählen und einen Teil deiner Persönlichkeit preiszugeben. Doch du empfindest nicht die Ängste, die man manchmal spürt, wenn einem dabei jemand gegenübersteht. Deshalb kannst du in deinen Mails viel offener sein.

Erst beim Verlassen des virtuellen Raums lässt du dich auf die Spielregeln des wirklichen Lebens ein. Und dazu gehört auch, sich mal unsicher zu fühlen. Sich nicht zu trauen, etwas zu erzählen. Dafür hast du den anderen dann hautnah bei dir. Du kannst mit ihm lachen und weinen, dich streiten und wieder versöhnen. Und vielleicht hast du so viel Glück wie Ole und Jeannie und verliebst dich in deine Chat-Bekanntschaft. Denn schon nach ihrer ersten Verabredung steht für Ole fest, diese oder keine soll es sein.
Von dem Moment an sind die beiden Flirt-Fans unzertrennlich und Jeannies Einsamkeit ist Vergangenheit. Wenn du dich in deinen Flirt-Partner verknallst, erlebst du die Liebe pur, und die gibt es zum Glück nicht als Kurz-Nachricht, sondern eben immer nur als ganze Geschichte.

INFO

Wie läuft ein Chat ab?
Nach der Anmeldung loggst du dich mit deinem Identitäts-Namen – dem so genannten Alias oder Pseudonym – und dem Passwort ein. Schon bist du im Chat-Room.
In Realtime, der so genannten Echtzeit, – also in genau diesem Augenblick – „sprichst" bzw. chattest du jetzt mit den anderen Usern. Tipp einfach deine Sätze ein, geh auf „senden" und schon liest dein Flirt-Partner, was du ihm zu sagen hast. Wenn deine Worte nur für eine ganz bestimmte Person bestimmt sind, chatte im One-to-one-Chat oder tauscht lieber eure E-Mail-Adressen, dann bleibt ihr unter vier Augen! Weil sich im Flirt-Room zum Teil unzählige Teilnehmer befinden, musst du sonst deine/n Partner/in mit den anderen Chattern teilen.

HERZKLOPFEN treffpunkt internet

trau dich!

Möchtest du, frecher Kater, diese süße Maus zu deiner dir angetrauten Ehefrau nehmen? Willst du sie ehren, in guten und in schlechten Zeiten? Wie bitte? Ein Kater nimmt eine kleine Maus zur Frau? Jetzt denkst du bestimmt, hier steigt gerade die Hochzeit der Tiere. Aber damit liegst du ganz falsch. Die Mieze und ihr Mäuschen sind verliebte Internet-User, die sich vor dem virtuellen Altar das Ja-Wort geben. Und die zwei kennen sich schon lange – allerdings nicht persönlich, nein, nur über den Flirt-Chat von AOL.

Die Computerfans mit den tierischen Identitäts-Namen trafen sich dort zum ersten Mal und aus ihrem Online-Flirt wurde schnell mehr: „Deshalb wollen wir endlich heiraten", verrät der freche Kater, der im richtigen Leben Samuel heißt, 21 Jahre alt ist und gerade sein Studium als Grafiker beginnt. AOL macht seinen Traum möglich: Auf der „Traut euch"-Seite (Kennwort: Hochzeit) können Brautpaare den Bund fürs Leben im Internet schließen. „Alle sollen sehen, dass wir uns gefunden haben", schwärmt Samuel verliebt. Seine Maus, die Abiturientin Susanne ist schon wahnsinnig aufgeregt, schließlich ist heute ihr großer Tag:

„@>--- >---- ich liebe dich", mailt die 19-Jährige ihrem Bräutigam noch Minuten vor der Trauung. Wie bei einer echten Hochzeit hat das Paar das Aufgebot bestellt: Ihre Trauzeugen, die Hochzeitsgäste und der Cyber-Pfarrer haben sich pünktlich im Trauzimmer 2 von AOL eingeloggt, um bei der Feier dabei zu sein. „Ich freue mich, zwei Herzen zusammenführen zu dürfen", eröffnet fsctTweety*, der Pfarrer alias Jan Steffen, die Zeremonie in der Internet-Kapelle.

* (fsct steht für Forum-Scout: das ist der Scout, der ein Forum leitet.)

Der 21-jährige Azubi ist ehrenamtlicher Online-Pfarrer bei AOL und er liebt seinen ausgefallenen Job. Etwa zwanzig Minuten dauert die ungewöhnliche Feierlichkeit: Die Freunde des Brautpaares jubeln und senden kleine Freudenzeichen, J J J J J, als Katz und Maus bekennen: „Ja, ich will." – "Dann darfst du, freche Katze, deine Braut jetzt küssen", erlaubt Pfarrer Tweety. Und die Frischvermählten tauschen heiße Küsse über „senden": *:* :* :* :* :* :* :* :* :* :* :* :*

Wir von blue4you wünschen dem Brautpaar alles, alles Gute!

Träumst du auch von einer Online-Hochzeit? Dann verraten wir dir, wie es funktioniert:

INFO

Bist du Mitglied bei AOL?

Dann gelangst du über die so genannte Community, den Chat-Bereich, in verschiedene Themenbereiche. Einer davon heißt „Traut euch!" Auf dieser Seite loggst du dich mit deiner/m Braut/Bräutigam, die du im Flirt-Chat erobert hast, ein. Schon bist du für die Online-Hochzeit angemeldet. Der Termin der Trauung erscheint dann für alle User gut sichtbar auf einem Pin-Board. Ein Pfarrer, der Scout, führt schließlich die Hochzeit durch: Zehn Scouts sind zurzeit im Team von AOL damit beschäftigt, die hochzeitsfreudigen Paare zu vermählen. Und auch wenn die Online-Hochzeit nicht offiziell anerkannt ist, schön ist sie doch, oder?

HERZKLOPFEN botschafter

„CYBERFLIRT"
ICH, CHIH-KAI, 21

_Ich stellte mir ihr Gesicht vor, ihren Mund. Das Bild, das ich von ihr im Kopf hatte, gefiel mir total.

der Monitor beginnt zu flimmern. Leuchtet verheißungsvoll, als wollte er mir sagen: Ich bringe dich zu ihr ... Ich tippe Passwort und Benutzernamen ein, nur noch wenige Sekunden, dann habe ich endlich Kontakt zu ihr. Ein bisschen Nähe, ein paar Sätze mit Lydia übers Netz. Über tausende Kilometer hinweg schicke ich ihr sehnsüchtige Grüße in die USA. Tag für Tag, Monat für Monat. Diese Fernbeziehung zu Lydia ist teuer. Sehr teuer. 700 Mark hat mich der erste Monat unserer Internet-Romanze gekostet. Könnt ihr euch das vorstellen? Das ganze Geld ging nur für Online-Gebühren drauf. Dafür hätte ich mir glatt ein Flugticket nach Houston kaufen können. Aber so gut kannte ich sie ja noch nicht und ich hätte sie vielleicht damit total überrumpelt. Trotzdem, Lydia war mir das kleine Vermögen wert. Zu Hause gab es natürlich einen Riesenärger. Aber ohne zu surfen, halte ich es keine drei Tage aus. Warum? Weil surfen für mich wie reisen ist. Ich lerne im Internet Leute aus der ganzen Welt kennen.

Dort entdecke ich andere Länder und erfahre etwas über ihre Kulturen. Das ist einfach unheimlich spannend. Surfen ist auch so eine Art Ersatz, wenn ich hier nicht wegkomme. Und da ist es dann passiert. Unter „erstes Treffen", dem Portal von AOL, war ich wieder mal auf der Suche nach interessanten Leuten. In diesem Chat sind Surfer aus allen möglichen fernen Ländern online, auch Lydia hatte sich dort eingeloggt. Es war fast mystisch, denn schon ihre erste Mail sprach irgendetwas in mir an.

Sie lebte in Corpus Christi, Texas, in den USA. Ihr Internet-Name lautete CSC 3232; darunter konnte ich mir natürlich gar nichts vorstellen. Ihre frechen, offenen Kommentare machten mich neugierig und ich sah mir ihr Profil genauer an. Lydia war 17, ging zur High School. Sie beschrieb sich als klein, mit rotbraunen Haaren. Ich stellte mir ihr Gesicht vor, ihren Mund. Das Bild, das ich von ihr im Kopf hatte, gefiel mir total. Und der Chat mit ihr war irgendwie anders. Aufrichtig. Da war gleich so eine Vertrautheit zwischen uns. Sie war interessiert, lebendig. Ich war jeden Abend, nachdem ich mich eingeloggt hatte, wie ausgehungert nach ihren Mails. Nach ihren Fragen, den kleinen Nachrichten von ihr und ihrem Leben in Texas. Unser Chat wurde zu einer Art Ritual und es hat jedes Mal gekribbelt, wenn ich den Rechner angeschaltet habe. Wir schickten uns Telegramme im Internet hin und her. Da ist man dann sozusagen unter vier Augen, nur noch mit dem anderen allein. Sie hat ganz schön mit mir geflirtet und mir immer wieder gesagt, wie gern sie mich treffen würde. Wenn mir jemand das Ticket geschenkt hätte, wäre ich sofort losgeflogen.

Ich schickte Lydia dann bald den ersten Brief. Ob das Liebesbriefe waren? Ich weiß nicht, ein bisschen gingen die schon in diese Richtung. Endlich kam dann mit einem ihrer Briefe auch ein Foto von ihr. Sie sah ein bisschen so aus, wie ich sie mir vorgestellt hatte. Ich hielt es dann irgendwann nicht mehr aus und rief bei ihr an. Ihre Stimme hat mich echt umgehauen. Wir haben über eine Stunde miteinander gesprochen und es war einfach wunderschön. Keiner von uns wollte auflegen. Immer wieder riefen wir in den Tagen danach an. Doch die Telefonrechnung, die daraufhin eintraf, war leider genau so umwerfend. Und das ist nicht der einzige Nachteil an einem Flirt über tausende Kilometer. Die Distanz ist unüberwindbar. Schade, dass nie mehr daraus wurde als ein Flirt, aber immerhin, der Kontakt zu ihr hat fast drei Jahre gehalten.

Chih-Kai ist Schüler. In seiner Freizeit verdient er sich als Go-Go-Dancer in angesagten Hamburger Clubs ein bisschen Geld dazu.

INFO

HERZKLOPFEN   treffpunkt clique

[aus freundschaft wird liebe]

„'Tausendmal berührt, tausendmal ist nichts passiert' – dieser Satz ging mir andauernd durch den Kopf, wenn ich mit Petra und den anderen aus der Clique zusammen war."

Michael, 21

ein Flirt im Internet ist eine aufregende Angelegenheit. Dabei macht die Distanz zwischen den Flirt-Partnern das Chatten so richtig spannend. Doch wie sieht es eigentlich aus, wenn sich dein Schwarm in unmittelbarer Nähe von dir befindet? Und du ihm jeden Tag begegnest, denn er gehört zu deiner Clique? Wem das schon mal passiert ist, der hat es am eigenen Leib erfahren: In einen der besten Freunde verliebt zu sein, ist der totale Nervenkitzel. Ihr unternehmt alles zusammen, doch bisher wart ihr eben nur gute Freunde? Mädchen und Junge, die zusammenhalten, egal was auch passiert. Doch du spürst, dass da einer ist, der dir viel mehr bedeutet …

Wie sieht es in ihm aus?

Für Michael hatte sich in der letzten Zeit etwas verändert. Ständig zwang er sich, so zu tun, als sei Petra eben nur eine gute Freundin für ihn. Aber immer wenn er ihr nahe war, spürte er dieses unbeschreibliche Gefühl. Das Kribbeln im Magen, die Glückshormone, die durch seinen Körper jagten.

Auch das kommt dir bekannt vor? Er gibt sich dir gegenüber so unauffällig wie möglich? Manchmal ist er sogar richtig abweisend zu dir? Das hat vielleicht einen ganz hat einfachen Grund. „Es sollte keiner etwas merken", gestand uns Michael. „Ich hatte eine solche Angst, dass die Clique zerbricht, wenn wir zusammenkommen. Aber da war schon alles zu spät, denn ich habe mich total in Petra verliebt."

Manchmal verstehst du ihn nicht?

Und du dachtest schon, er will nichts von dir? Dabei hat er sich bloß gegen seine Gefühle gewehrt, weil er nichts falsch machen wollte. Dass er sich auch wegen euren Freunden so viele Gedanken macht, zeigt dir vielleicht, wie wichtig der starke Rückhalt der Gruppe ist. Sie ist wie eine kleine Familie, die ihr euch selbst ausgesucht habt. Und das Zusammensein in der Clique wird sich für alle verändern, wenn zwei ein Paar werden. Seine Freunde zum Beispiel hatten ganz schön Probleme damit, als das mit Michael und Petra anfing: „Wir wussten erst mal gar nicht, wie das nun weitergehen sollte mit uns allen", erzählt uns Oliver.

Michael und Petra sind bis über beide Ohren verknallt und sie trauen sich nun endlich, das auch zu zeigen. „Und natürlich wollten sie oft einfach nur alleine sein", meint Oliver. Michael fühlt sich hin und her gerissen. Der Druck, die Freundschaft mit den anderen nicht aufs Spiel zu setzen, ist hart für ihn.

Die neue Situation ist nicht immer leicht

„Ich stand ständig unter Zugzwang. Wir wollten wie fast jedes Wochenende alle zum Surfen an die Ostsee . Und unsere Freunde haben uns gedrängt mitzukommen. Dabei wäre ich viel lieber nur mit Sandra irgendwo hingefahren." Hey, wenn du diese Situation kennst, heißt es hier für dich: Aufgepasst! Setz ihm nicht die Pistole auf die Brust und zwing ihn nicht, sich zu entscheiden. Eure Freunde sind doch wichtig für euch beide. Diese Gratwanderung zwischen Liebe und Freundschaft müsst ihr gemeinsam schaffen.

Doch je mehr ihr miteinander und auch mit euren Freunden darüber redet, umso leichter wird es, beides unter einen Hut zu bringen.
Ein Pluspunkt für dich und eure Beziehung ist doch, dass seine Freunde auch deine sind. Zusammen werdet ihr es schaffen!

TEST   bin ich beziehungsfähig?

[bist du beziehungsfähig?]

* (Denk dran: Punkt- geht vor Strichrechnung!)

_Eine Frage, mit der du rechnen musst. Wähl spontan die am ehesten passende Antwort auf die neun Fragen, denk nicht lange nach, rechne* kurz und zähl dann deine Punkte zusammen. Auf Seite 41 erfährst du, welcher Beziehungstyp du bist. Und: woran du noch arbeiten kannst. Noch schneller findest du allerdings eine Antwort auf diese Frage, wenn du deinen letzten Freund anrufst (ist allerdings möglicherweise weniger amüsant).

Deine beste Freundin rühmt sich mit ihrer Eroberung der letzten Nacht. Das findest du …

… peinlich, da sind doch keine Gefühle dabei. (27-13-10)
… echt cool. (8-8+8)
… langweilig, ich hatte nämlich selber zwei Typen an der Hand! (2x3x2)
… blöd, dass die sich so abschleppen lässt. (5+3-6)

Dein Freund ruft aus dem Urlaub an und sagt: „Ich bleibe noch drei Tage länger!" Du …

… wünschst ihm viel Spaß und rufst deinen Ex an. (10x10-90)
… sagst: „Das geht nicht, ich habe eine Überraschungsparty geplant!" (2x8-9)
… freust dich, dass er sich endlich mal erholt, und buchst dir einen Flug, um ihn zu überraschen. (11+5-12)
… rufst den Nachportier an und beauftragst ihn, sein Zimmer im Auge zu behalten. (47-22-24)

Du entdeckst zufällig sein Passwort für den GMX-Account. Du ...

... machst gar nichts. (8x3-20)
... guckst nach, ob er auch alle Mails richtig abgerufen hat. (2x7-7)
... loggst dich ein und antwortest in seinem Namen auf alle Mails von dir unbekannten Mädchen. (29-4x7)
... gehst in den Account, veränderst sein Passwort und machst ihm eine Szene. (5+12-7)

Ihr wolltet auf diese Mega-Party, aber jetzt rufen seine Eltern an und beordern ihn nach Hause. Du sagst ihm: ...

... „Kein Problem, setz mich auf dem Weg in der Disco ab!" (21-2x7)
... „Wenn du dich beeilst, kriegst du die Bahn noch!" (10+5-4)
... „Ich ruf noch mal deine Eltern an. Ohne dich macht die Party keinen Spaß!" (12-4-4)
... „Dann glotzen wir eben bei euch Video!" (5x5-24)

Er ist so süß, doch noch kennst du ihn kaum. Er bringt dich nach Hause und flüstert: „Lass mich heute bei dir sein ..."

... Du betrachtest ihn von oben bis unten und grinst: „Das könnte dir so passen, gell?" (2+7+1)
... Du küsst ihn heiß und innig und schwindelst: „Nicht heute, da sind meine Eltern da!" (5+10-8)
... Du knabberst an seinem Ohr und bist total unschlüssig. (19-3x5)
... Du drückst ihn weg und sagst: „Erst wenn wir zusammen sind, Babe!" (3x4-11)

TEST — bin ich beziehungsfähig?

Dein Lieblingsbuch ist ...

... „Soloalbum" von Benjamin v. Stuckrad-Barre. (44-4x11)
... „Crazy" von Benjamin Lebert. (27-13-14)
... „All About Adam" von blue4you. (4x9-36)
... mein Telefonbuch. (12+14-26)

Zufällig siehst du ihn auf der Straße mit einem anderen Mädchen. Du ...

... stellst dich hinter eine Litfasssäule und beobachtest ihn. (12-4-6)
... ziehst deinen Begleiter ins nächstbeste Café. (33-32+8)
... freust dich, ihn zu sehen, und winkst ihm zu. (17+8-21)
... gehst auf beide zu und sagst: „Guten Tag, wir sind von der BILD und machen eine Umfrage zum Thema Fremdgehen!" (12x2-19)

Welche der nächsten Eigenschaften ist dir bei deinem Freund am wichtigsten? ...

... Dass wir ein perfektes Paar ergeben! (12+2-7)
... Dass wir zusammen lachen können! (16-2x6)
... Dass er nur Augen für mich hat! (4+12-7)
... Dass er die meiste Zeit mit mir verbringt! (12+4-15)

Welche Anzeige im Internet könnte von dir stammen?

... „Lass mich die Himbeere auf der Torte deines Lebens sein." (14-5-7)
... „Suche Jungen für die Zeit zu zweit ..." (3+6-5)
... „Du siehst top aus, bist alles andere als langweilig ..." (22-15+3)
... „Harmoniesüchtig, W, sucht passenden M." (6x4-17)

42

[auflösung]

[die beziehungssüchtige] 8-25

Wenn du in einer Beziehung steckst, dann aber richtig, wie? Ganz oder gar nicht ist deine Devise, und deinen Freund siehst du schon fast als Ehemann. Da ist ja nichts gegen zu sagen. Aber kann es sein, dass deine Besitzansprüche an ihn manchmal etwas übertrieben sind? Neigst du zum Beispiel zu (grundlosen) Eifersuchtsattacken? Willst du immer alles von ihm wissen – was er tut, was er denkt, was er vorhat? Jede freie Minute nur mit ihm! Klar, aber vielleicht denkst du mal darüber nach, ob dein Verhalten deinen Partner nicht manchmal ein bisschen einengt. Sei locker, Darling, und mach die Leine los, er wird dir schon nicht gleich weglaufen!

[die kreative] 26-50

Trau, schau wem, das ist deine Devise und du weißt: Eine Beziehung entsteht durch gemeinsame Arbeit. Du bist sehr tolerant, und das mag er an dir: Er liebt dein Vertrauen und deinen Respekt. Das ist etwas, was er nicht so schnell in jeder Beziehung finden kann, und wenn du dir das immer in deinem Herzen bewahrst, wirst du lange Zeit mit ihm glücklich sein.
Deine Beziehungen verlaufen sehr kreativ: Du passt dich an, bist nicht jemand, der festgefahren ewig gleich reagiert.

[die lernfähige] 51-69

Du willst sie, das weißt du: eine richtig starke Beziehung. Wie aus dem Bilderbuch, nicht wahr? Aber genau da musst du aufpassen: Bilderbücher werden gezeichnet, und an einer Beziehung arbeitest du nicht mit Buntstiften, sondern mit Gefühlen. Versuch ein bisschen besser auf ihn einzugehen. Es ist nicht so schwierig, ihn wirklich zu verstehen: Du musst dir aber die Mühe machen zuzuhören. Und zwar mit dem Herzen, das pochende Ding, das in deiner Brust für ihn schlägt. Sei ein bisschen ehrlicher zu dir selbst und mach ihm nichts vor: Gib ruhig zu, wenn du in eurer Beziehung mal überfordert bist. Das braucht dir keine Panik zu bereiten, eine perfekte Beziehung gibt's nun mal nicht geschenkt.

[die egozentrische] 70-80

Es ist uns nicht ganz klar, warum du diesen Test machst. Denn du kennst dich doch eigentlich ganz genau: Du machst ihnen gern schöne Augen, du spielst mit ihnen. Das gibt dir Selbstbestätigung. Die Jungs sollen sich nach dir verzehren, aber haben, haben soll dich keiner. Gerne kokettierst du damit, dass „der Richtige eben noch nicht dabei war!" Aber den Richtigen, Honey, den gibt's nicht, den musst du dir schon erarbeiten, so wie du selbst an dir arbeiten musst. Als Mann wärst du ein Macho, aber umgekehrt bist du alles andere als emanzipiert. Denn dein Selbstbewusstsein ist nur Fassade, innen drin steckt nur ein kleines, scheues Mädchen, das panische Angst vor Gefühlen hat. Warum?

HERZKLOPFEN — treffpunkt schule

[katz- und mausspiel]

_Es klingelte. Das war das
Läuten zur großen Pause.
Ganz langsam, wie fernge-
steuert, räumte ich meine
Hefte in die Tasche. Aber
die Ruhe war nur Maskerade,
denn mein Herz raste.
Leif, 17

d as soll der Typ sein, der im Hof immer so cool tut, wenn er dir gegenübersteht? Der und Herzrasen? „Niemals", denkst du. Und doch, Leif, der sich gern rau und ruppig gibt, ist eigentlich nur schüchtern. Wie es tief in seinem Inneren aussieht, weiß nur er.

Nach außen zeigt er die harte Schale!

Achte mal darauf, wenn du ihm in den Pausen begegnest, wie er dich beobachtet. Er würde schon gerne – aber da sind ja noch seine Freunde, die fast immer um ihn herum sind. Vor ihnen will er sich keine Blöße geben. Zweimal täglich, fünfmal in der Woche triffst du ihn in der Schule: Mal sieht er zu dir hinüber, um gleich darauf wieder wegzuschauen. Ein knappes „Hallo" ist das Höchste, was ihm über die Lippen kommt, nicht mehr. „Auch wenn Leif im Flur an mir vorbeilief, sah er mich kaum an. Aber trotzdem habe ich gespürt, dass da etwas zwischen uns war", sagt uns die 17-jährige Nina.

Stimmt, das ist ne ganze Menge, aber weißt du, manchmal fällt es Jungs einfach unheimlich schwer zu zeigen, was sie fühlen. Sei nicht enttäuscht, wenn er dich links liegen lässt. Vielleicht sitzt er, nachdem er dich im Hof gesehen hat, in der Mathestunde, und der Stoff zieht völlig an ihm vorüber. In seinen Gedanken ist bloß noch Platz für eine einzige Formel: „Heute nach der Schule erzähle ich es ihr ..."

Dieses Katz-und-Maus-Spiel kann ja schließlich nicht endlos so weitergehen, oder? Es wird Zeit, dass ihr euch endlich kennen lernt. Denn Leif ist bestimmt genau so ungeduldig wie du. „Der restliche Schultag dehnte sich wie Kaugummi und die letzte Stunde war die Hölle", erinnert sich Leif. Der Kölner rennt nach dem letzten Klingeln in den Hof und wartet, bis Nina das Gebäude verlässt.

An den Fahrradständern stehen die beiden zum ersten Mal ganz allein voreinander. Da spricht er sie an: „Mir blieb fast die Spucke weg. Sie blickte mir gerade in die Augen, als ich fragte, ob ich sie ein Stück nach Hause begleiten könne – und sie sagte ja!"

Er traut sich doch

Du hattest so darauf gewartet, dass er auf dich zugeht, dass er endlich den ersten Schritt macht. Jetzt radelt ihr auf euren Bikes die Straße entlang, nur noch ein Meter Luft ist zwischen euch. Und der coole Leif ist auf einmal so anders. Er grinst dich an, ist lustig, will tausend Sachen von dir wissen. Wo ist bloß der distanzierte Typ geblieben? Du bist froh, dass er diese Masche abgelegt hat.

So selig verliebt wie diese zwei war auch Martina, als sie endlich mit Lutz, ihrem Schwarm aus der Parallelklasse, zusammen war. Monatelang ging das zwischen ihnen hin und her, vom ersten Blickkontakt über Zettel, die ausgetauscht wurden, damit die anderen nichts merkten. Dann treffen sie sich bei Martina zu Hause, und mit Lutz allein zu sein, ist für die Abiturientin einfach das Schönste. Doch kaum begegnet sie ihm am nächsten Tag in der Schule, spielt er den Lässigen. Und lässt sie abblitzen. Die 18-Jährige ist jedes Mal total fertig, wenn er sie so behandelt. Warum? Weil seine Freunde da sind? Ist das seine Unsicherheit, hat Lutz etwa Angst vor der eigenen Courage?
Ja, denn für einen Jungen kann es schwer sein, vor seinen Freunden zu dir zu stehen. Wenn sie frotzeln und feixen, braucht er ein ziemlich dickes Fell. Versuch, damit auf eine direkte Art umzugehen, zeig ihm ruhig, dass es dich verletzt. Sag es deinem Süßen, wenn ihr allein seid, und sei nicht traurig, wenn er es nicht sofort umsetzt. Manchmal ist der Zugzwang vor den anderen einfach zu groß.

Aber lass dir davon nicht das vermiesen, was zwischen euch ist. Denn seine Freunde sind sicher nur neidisch auf euch. Sie wissen einfach nicht, wie wunderbar sich dieses Herzrasen anfühlt!

| HERZKLOPFEN | treffpunkt ausgehen |

[heartbeats]

_Er stand da ganz allein an der Tanzfläche und blickte mir tief in die Augen. Für einen Moment hatte ich das Gefühl, wir wären die Einzigen in der Diskothek. Alles um uns herum versank.
Maja, 18

Lennard blieb nach dem intensiven Blickkontakt wie angewurzelt stehen. Auch er hatte Maja im dichten Gedränge auf der Tanzfläche schon länger im Visier. „Hey, warum machst du nicht den ersten Schritt?", denkst du jetzt vielleicht. Aus Angst vor einer Abfuhr vielleicht? Dem unsicheren Gefühl, etwas zu wollen und dann enttäuscht zu werden. Denn auch wenn sich ein Junge noch so lässig an seinen Drink klammert, lass dich nicht täuschen. Insgeheim probt er vielleicht gerade den zehnten Anlauf, wie er dich ansprechen könnte. Und bleibt doch dort, wo er ist. Weil er schüchtern ist? Ja – und es ist ja auch irgendwie süß, wenn er zurückhaltend ist, oder? Denn die plumpe Anmacher-Nummer zieht bei dir sowieso nicht. Wenn er keine Anstalten macht, nimmst du die Sache eben selbst in die Hand. Zeig ihm mit deiner Körpersprache, dass er dir gefällt. Tanz mit ihm und lächle ihn an. „Bis zum Morgengrauen haben wir im Traxx durchgemacht", erinnert sich Maja. Sie waren die Letzten, die von der Tanzfläche gingen. Und die beiden scheuten sich fast, ins helle Licht hinauszutreten. „Um sechs Uhr morgens fragte er mich vor der Disco, ob ich noch mit ihm frühstücken gehe", erzählt die 18-jährige Abiturientin. „Danach wollte er mit mir spazieren gehen und abends sind wir noch ins Kino. Lennard wollte mich gar nicht mehr loslassen." Er erzählte Maja bei einem Croissant und dampfendem Milchkaffee, warum er erst so zurückhaltend

Er hat die gleichen Ängste wie du!

„Stimmt", erzählt uns Maja. „Er dachte auch, ich könnte ihn missverstehen", berichtet uns das dunkelhaarige Mädchen weiter. „Maja hätte denken können, dass ich sie nur für eine Nacht abschleppen will", wirft Lennard ein. „Das wäre ja in einer Disco nichts Neues, oder?"

Coole Frisur und schüchterne Herzen: Hinter mancher forschen Fassade steckt ein sensibler Typ

Äußerlich spielt er den harten Kerl.

Robert zum Beispiel hat die richtige Art und Weise noch nicht gefunden: „Ich habe mich nicht getraut, sie anzusprechen, da habe ich die coole Anmache versucht: Tat so, als hätte ich sie aus Versehen angerempelt. Dann habe ich mich entschuldigt und wollte sie ganz lässig auf einen Drink abschleppen." Das erzählt er uns, nachdem ihm wieder ein Mädchen an der Bar eine schroffe Abfuhr gab. „War echt blöd von mir", gibt Robert zu. „Aus Unsicherheit auf cool zu machen, war die falsche Tour", gesteht der Goldschmiedelehrling ziemlich zerknirscht. Aber da waren seine Freunde, die den holprigen Kontaktversuch mit spottenden Kommentaren begleiteten. Wären die nicht gewesen, wäre seine Annäherung sicher eleganter ausgefallen. Sanfter und irgendwie viel netter.

Warum funktioniert nun bei dem einen, was bei dem anderen schief geht? Diskotheken sind doch der Treffpunkt schlechthin, um jemanden kennen zu lernen. Denkst du. Außerdem ist es doch für die Jungs ganz leicht, ein Mädchen anzusprechen. Glaubst du. Aber vergiss nicht, dass sich manchmal hinter einer forschen Fassade ein sensibler Typ verbirgt. Dem es wahnsinnig peinlich wäre, wenn er vor seinen Freunden einen Korb von dir bekommt. Und der sich deshalb vielleicht beim ersten Kontaktversuch völlig ungelenk verhält. Auch wenn er dir am liebsten ganz direkt sagen würde, wie gut du ihm gefällst. Gib ihm eine Chance und blick ihm tief in die Augen. So wie Maja, die ihren Lennard so aus der Reserve gelockt hat. Das wirkt.

HERZKLOPFEN — botschafter

„MEIN ERSTES DATE"
ICH, MICHEL, 21

Schmetterlinge im Bauch
_Es ist 4 Jahre her. Es ist die Zeit, als Mädchen noch Wesen von einem anderen Stern sind. Es ist das erste Herantasten, das langsame Vertrautmachen mit ihnen. Alles ist neu, so spannend und wahnsinnig aufregend.

Sie war mir die ganze Zeit schon aufgefallen. Mein bester Freund André und ich hatten schon eine ganze Weile in der Ecke der Diskothek gestanden, hinten links, direkt unter den Boxen. Eigentlich war es ihr Kleid, das mir als Erstes aufgefallen ist. Es war weiß, eng anliegend und sehr kurz. Und wenn man genau hinsah, schimmerte ihre Haut ein wenig durch. Und ich sah genau hin.
Ließ sie die ganze Zeit nicht aus den Augen. Beobachtete sie, wie sie sich im Rhythmus der Musik bewegte. Wie sie beim Tanzen mit ihrer Freundin sprach und dann beim Lachen den Kopf in den Nacken warf. Ab und zu schüttelte sie ihre langen, schwarzen Locken nach hinten und schaute dabei in meine Richtung. Wie zufällig.
Ich stand nur da und bemühte mich möglichst lässig auszusehen. Du weißt schon: Du willst cool aussehen, während dein Herz bis zum Hals klopft.
Es war André, der die Situation in die Hand nahm. Der ihr und ihrer Freundin nach draußen folgte, als sie gehen wollten, und dann wiederkam, den Zettel mit den Telefonnummern wie eine Trophäe schwenkend. Wir beschlossen, uns zu viert zu treffen. Genau genommen, André beschloss. Ich hatte keine Meinung. Viel zu aufgeregt war ich. So aufgeregt, dass ich fast schon froh gewesen wäre, wenn das mit dem Date nicht geklappt hätte. Hat es aber. Zwei Tage später waren wir mit den beiden verabredet. Mann, am Tag der Verabredung war ich so aufgeregt, dass ich an nichts anderes mehr denken konnte. Tausend Gedanken jagten mit durch den Kopf. Was ich anziehen sollte, was ich sagen sollte. Hundert Mal spielte ich unsere Begegnung in Gedanken durch.

Sie warten am Bootssteg auf uns. Als ich sie dort stehen sehe, das erste Mal im Tageslicht, denke ich nur: „Wow." Sie sieht wunderschön aus. Wir gehen eingehakt am Wasser entlang. Ich bin so nervös, dass ich kaum sprechen kann. Immer wieder entstehen kleine Pausen in unserer Unterhaltung. Pausen, in denen ich krampfhaft nach einem Gesprächsthema suche.

Und natürlich keins finde. Und noch nervöser werde. Am liebsten würde ich sie immer nur ansehen. Sie ist so schön, mit ihren dunklen Haaren und den grünen, katzenhaften Augen. Aber ich traue mich nicht.

Später gehen wir ins Kino: Romeo und Julia. Ich muss zugeben, ich habe bis heute keine Ahnung, wovon der Film eigentlich handelt. Stattdessen erinnere ich mich noch genau an das Gefühl, als ihre Hand das erste Mal meine berührt. An die Stromstöße, die durch meinen Körper gehen, das Flattern in meinem Bauch, die feuchten Hände. Zuerst ist es nur ein zartes Annähern unserer Fingerspitzen, dann ein Streicheln. Ich bin so aufgeregt. Denke immer nur darüber nach, ob ich auch alles richtig mache. Ob ich lieber ihre Handinnenfläche streicheln soll oder den Handrücken. Ob sie wohl merkt, dass meine Hände schweißnass sind vor Aufregung. Als sie mir das erste Mal mit der Hand über den Nacken und durch die Haare streicht, habe ich das Gefühl, als ob in meinem Körper tausend kleine Feuerwerkskörperchen explodieren. Ich kann mich nicht daran erinnern, ob ich jemals wieder bei einem anderen Mädchen so etwas gefühlt habe.

Es blieb unser einziges Date. Eigentlich wollte ich sie gern wiedersehen. Aber ich traute mich nicht, sie anzurufen. Endlich, nach drei Wochen, fasste ich mir ein Herz und rief an. Sie war kurz angebunden am Telefon. Sagte, dass ich mir zu lange Zeit gelassen hätte mit meinem Anruf. Und dass sie jetzt keine Lust mehr hätte, mich zu sehen. Peng. Zuerst war ich traurig. Dann vergingen die Wochen. Es kamen andere Mädchen, andere Dates. Aber das Gefühl, wie ihre Hände durch meine Haare strichen, damals in der Dunkelheit des Kinos, dieses Gefühl werde ich niemals vergessen.

Michèl ist Tänzer und treibt in seiner Freizeit viel Sport, wie Basketball, Tennis oder Fitness. Sein Lieblinssportplatz sind Hamburgs angesagte Clubs.

INFO

49

HERZKLOPFEN | treffpunkt sport + freizeit

[fang den ball]

_Ich kam aus dem Wasser und lief ihm am Strand fast in die Arme. Er hatte seinen Wellenreiter dabei und wollte gerade raus zum Surfen. Und ich dachte bloß noch: „Bitte sag was, sag einfach irgendetwas." Aber es passierte nichts.
Lisa, 17

W as, das kommt dir bekannt vor? Da triffst du am Strand den süßesten Typen seit ewigen Zeiten, er sieht dich an und beide denkt ihr: „Wow." Und das war es dann? Ausgerechnet bei einem, der scheinbar die gleiche Leidenschaft teilt wie du? Aber Lisa hatte Glück. Nachdem Lukas, der Surfer, einige Minuten mit sich gerungen hatte, gab er sich doch noch einen Ruck. „Ich habe all meinen Mut zusammengerafft, meinen Jungs schnell noch ein 'Bin gleich zurück' zugerufen, dann nahm ich die Verfolgung auf", erinnert sich der Schreinerlehrling aus Hamburg. Er erzählt uns, wie es weiterging: „Kurz vor dem Parkplatz holte ich Lisa ein." Die 17-jährige Wassernixe weiß noch genau, was er dann zu ihr sagte: „Er fragte mich, ob ich abends, wenn Flut ist und die Wellen genau richtig sein werden, mit ihm aufs Wasser gehen will." Und Lisa wollte. Siehst du, einen Jungen kennen zu lernen, der die gleichen Interessen hat wie du, ist ganz leicht.

Jungs wollen nicht nur das eine ...

Als Lukas sah, dass auch Lisa eine begeisterte Surferin ist, fiel es ihm nicht schwer, sie anzusprechen. Er musste nicht herumstammeln und schüchtern einen schlechten Aufreißerspruch versuchen. „Kommst du mit surfen?" klingt schließlich nicht nach abgegriffener Anmache, sondern vielmehr nach einer echten Einladung. Vielen Jungs bedeutet ihr Sport unheimlich viel. Auch Lukas' Freund Sven ist vom Surfen besessen. Weil Wassersport für ihn so wichtig ist wie die Luft zum Atmen, kommt ein Mädchen, das diese Leidenschaft nicht teilt, für ihn nicht in Frage. „Aber wenn du mit deiner Traumfrau das machen kannst, was dir – außer ihr natürlich – am meisten Spaß bringt, ist das wirklich das Größte", schwärmt der

Flirten ist doch irgendwo auch ein Sport, nicht wahr?

Surf-Profi, für den Hobby und Beruf längst eins geworden sind. Und auch Karl denkt wie die beiden Wassermänner: Die schönste Sache der Welt ist für ihn das Skaten. Jedes Wochenende verbringt der Schreinerlehrling in der Inline-Halle, denn sein Sport ist ihm unheimlich wichtig.

Gemeinsam abheben ist für ihn das Schönste!

„Meine letzte Freundin konnte das nicht verstehen", erinnert sich der 20-Jährige. „Wir haben dann immer weniger Zeit miteinander verbracht. Bei uns fehlte einfach der gemeinsame Kick." Doch Karl bleibt nicht lang allein. Als er Claudia zum ersten Mal auf ihren Rollerblades sieht, ist er von ihrer lebendigen Erscheinung gleich beeindruckt. Tollkühn rauscht die 18-Jährige durch die Half-Pipe, springt schwierige Loops, dreht sich dabei um die eigene Achse und landet sicher wieder auf ihren acht Rollen. „Dafür habe ich sie bewundert. Das musste ich ihr einfach sofort sagen." Und es dauerte nicht besonders lange, bis Karl und Claudia zusammen gewaltige Luftsprünge machten – nicht nur auf ihren Skates ...

Vielleicht ist die Chance, einen Jungen kennen zu lernen, der so richtig gut zu dir passt, nirgendwo größer als beim Sport. Du wirst mit ihm Spaß haben, lachen, laufen und Lebensfreude pur genießen. Wenn du an deine Grenzen stößt, bringt er dich vielleicht noch mal ein Stückchen weiter. Fordert dich heraus zu kämpfen und nicht aufzugeben. Und mancher Insider ist sogar der Meinung, dass Sport ebenso verbindet wie Sex. Klingt doch herrlich, oder?

[verliebt]

VERLIEBT story

er war verrückt nach Anne. Sie war so unglaublich sexy, und ihr kurzer Rock machte ihn wahnsinnig. Kurz nach seiner Trennung von Tanja hatte er das erste Mal mit ihr geschlafen. Es war aufregender gewesen als alles, was er vorher erlebt hatte. Das war eigentlich nicht so viel. Tanja war seine erste feste Freundin gewesen und das erste Mädchen, mit dem er ins Bett gegangen war. Anne hatte mehr Erfahrung, das spürte er. Aber sie weigerte sich, ihm zu sagen, wie viele Männer sie schon gehabt hatte. Sie fand es albern, auf Vergangenes eifersüchtig zu sein, und wahrscheinlich hatte sie ja Recht damit, aber trotzdem quälte ihn die Vorstellung, dass es ihr mit einem seiner Vorgänger besser gefallen haben könnte.

Bei Tanja hatte er nie solche Ängste gehabt. Alles war eindeutig gewesen mit ihr und selbstverständlich. Nach drei Monaten hatte sie sich die Pille verschreiben lassen, und dann hatten sie miteinander geschlafen. Es war für beide das erste Mal. Er erinnerte sich noch gut: Ihre Eltern waren übers Wochenende verreist gewesen, und Tanja trug neue Unterwäsche. Und duftete nach ihrem Parfum. Sie waren beide so aufgeregt, und er kam viel zu früh, aber er wusste, das war kein Problem.

Er war glücklich gewesen mit Tanja. Er hatte sich von ihr verstanden gefühlt und gedacht, dass er in ihr die Frau seines Lebens gefunden hatte. Alles war gut geworden, seine Zensuren wurden besser, so dass seine Eltern sich abregen konnten, und seine kleine Schwester hörte auf zu nerven und bewunderte stumm die Freundin ihres Bruders. Aber es war nicht so geblieben. Tanja hatte alles kaputt gemacht, und eigentlich musste er ihr dafür dankbar sein, schließlich war er jetzt mit Anne zusammen.

Und die verlangte gerade von ihm, dass er den Wein probierte. Ihm war bereits schlecht geworden, als er die Preise auf der Speisekarte gesehen hatte. Aber das war es wert. Alle hatten sich umgedreht, als er mit dieser strahlenden Erscheinung das Restaurant betrat, und er spürte die zahlreichen Seitenblicke, die seiner Freundin auch jetzt noch galten. Anne redete über die Zukunft. Sie wollte nach der Schule als Stewardess arbeiten und sich die Welt angucken. Er würde erst seinen Zivildienst ableisten müssen und wusste nicht, wie es dann weitergehen sollte. Irgendeine Ausbildung wahrscheinlich. „Aber du musst doch irgendein Ziel haben, was du im Leben erreichen willst!" Er zuckte mit den Schultern.

Anne würde seine Antwort nicht gefallen. Bisher hatte er nur Tanja von seinem Traum erzählt, Tischler zu werden und selbst entworfene Möbel zu bauen. Sie hatte ihn darin immer bestärkt, ihm sogar Bücher geschenkt über Möbeldesign. Schon wieder Tanja. Er wollte nicht an sie denken, aber der Briefumschlag, der ungeöffnet in seiner Jackentasche steckte, machte ihn nervös. Die Abende mit ihr waren anders gewesen als mit Anne. Sie waren oft ins Kino oder ins Theater gegangen. Und danach meist in verrauchten Kneipen mit lauter Musik gelandet, wo sie redeten und lachten. Warum ging das nicht mit Anne? Warum konnten sie nicht miteinander lachen? Obwohl er doch so in sie verliebt war?

story

Er bezahlte die schockierende Rechnung und nahm allen Mut zusammen. „Anne, ich zeig dir jetzt meine Lieblingskneipe, okay?" Anne lächelte. Warum war er nicht schon längst auf diese Idee gekommen? Vermutlich hatte sie die ganze Zeit darauf gewartet, weil sie sich selbst langweilte in den blöden Schickimickiläden. Das „Dizzy's" war ziemlich voll. Michael war da, sein allerbester Freund. Den er in den letzten fünf Monaten sträflich vernachlässigt hatte. Wegen Anne natürlich. Michael jubelte, als er die beiden sah. „Jetzt lerne ich dich endlich mal kennen, Anne, das wurde aber auch Zeit." „Ach ja?", antwortete sie.

Er bemühte sich, ein Gespräch in Gang zu kriegen. Er wollte, dass Michael verstand, warum er so stolz war auf Anne. Michael hatte Tanja sehr gemocht, nur am Schluss, als es nur noch ätzend war zwischen ihnen, hatte er keine Lust mehr gehabt, zu dritt mit ihnen wegzugehen.

Eigentlich hatte Michael die ganze Krise mit Tanja sogar unbeabsichtigt ausgelöst. Es war an diesem Abend gewesen, als er gerade mit Tanja geschlafen hatte und danach so unbändige Lust verspürte, noch auszugehen. Michael war vorbeigekommen, aber Tanja wollte zu Hause bleiben, und so war er allein mit seinem besten Freund in die Stadt gefahren. Sie hatte gesagt, das wäre in Ordnung. Und er hatte es genossen, mal wieder mit Michael unterwegs zu sein, ohne Rücksicht auf Mädchen, die kein Bier mochten, froren und ständig auf Toilette mussten. Er hatte es genossen, bis sein Handy klingelte und seine Freundin ihm den Abend versaute. Weil er sie nicht hätte allein lassen dürfen, obwohl sie gesagt hatte, es wäre okay. Weil sie gerade miteinander geschlafen hätten, obwohl sie das doch häufig taten. Weil er doch die Fortsetzung des Gedichts gekannt hätte. Da hatte er zurükkgebrüllt, dass das gar nicht stimmte, sondern dass Anne ihm den Satz diktiert hatte. Und seitdem war's eigentlich vorbei gewesen. Er war am nächsten Tag zu Kreuze gekrochen, obwohl er das alles nur bescheuerte Mädchenkacke fand, und sie hatten sich wieder vertragen, aber trotzdem war seit diesem Abend alles anders, Tanja hatte keine Zeit mehr für ihn und zickte nur noch rum. Und er hatte nicht die Absicht, sich von dem Mädchen, mit dem er zusammen war, tyrannisieren zu lassen, nur weil die es nicht aushielt, dass ihm noch andere Menschen in seinem Leben wichtig waren.

Michael unterhielt sich ziemlich mühsam mit Anne, gerade versuchte er, sie fürs Surfen zu begeistern, und Anne hatte diesen gelangweilten Blick, den er so fürchtete. „Aber dein Freund ist doch auch ein totaler Surf-Freak, der spart doch schon ewig, damit er nach der Schule nach Australien fahren kann. " Du verdammter Idiot, das weiß sie doch noch gar nicht. „Ach ja?", Annes Stimme war schneidend. „Das wusste ich ja noch gar nicht. Ich bin immer davon ausgegangen, dass wir dann gemeinsam verreisen." Tschüs Känguruhs, tschüs Riesenwellen, dann eben doch Scampi-Essen an der Côte d'Azur, macht ja nichts. Anne stand auf, um zur Toilette zu gehen. Der Abend war jetzt wohl gelaufen…

▶ S. 96

VERLIEBT   botschafter

„1. MAL VERKNALLT"
ICH, SEBASTIAN, 20

Wir waren wie schwarz und weiß _Sie war 17 und damit zwei, fast sogar drei Jahre älter als ich. Nane und ich, wir waren wie eine Einheit, so etwas hatte ich noch nie erlebt.

Sowohl körperlich als auch auf der geistigen Ebene war es mit ihr einmalig. In Nane war ich zum ersten Mal richtig verliebt. Fünf Jahre ist es her, als das mit uns passierte. Ich lernte sie über Freunde kennen, da steckte sie noch mitten in ihrer alten Beziehung. Das war für alle ganz schön hart am Anfang.

Wir trafen uns erst heimlich in einem Park. Dort saßen wir dann stundenlang nebeneinander auf der Wiese. Wir küssten uns, hatten aber gleichzeitig wahnsinnig Panik, dass uns einer sieht.

Trotzdem, wenn ich mit ihr zusammen war, vergaß ich alles, was um mich herum war. Da war es mir egal, dass sie noch einen Freund hatte.

Wenn wir allein waren, vergaßen wir auch ihre Eltern, die das mit uns nicht mitkriegen durften. Die mochten ihren Freund ziemlich gerne und hätten unsere Beziehung sicher nicht so easy aufgenommen. Wenn wir uns trafen, waren wir einfach nur glücklich.

Aber es war klar, dass Nane eine Entscheidung treffen musste. Bevor sie für eine Weile nach München fuhr, machte sie dann mit ihrem damaligen Freund Schluss. Endlich war der Weg frei für uns.

Aber heute würde ich das nicht mehr so machen. Ich würde eine Frau nie mehr aus ihrer Beziehung herausreißen. Doch das, was danach kam, war wunderschön. Mit Nane war alles so harmonisch: Als würden wir miteinander verschmelzen.

Ich spürte ein totales Hochgefühl!

Mein Herz hat wie verrückt geklopft, wenn ich sie getroffen habe. Aber das war keine Nervosität. Das war bloß Freude. Okay, bevor ich sie das erste Mal küsste, war ich schon nervös. Aber das war ja auch etwas anderes. Für mich geschah alles zum ersten Mal und ich hatte gar keine Vergleiche. Ich konnte das, was passierte, ja an nichts messen. Dieses Eins-Sein mit ihr war ganz ungewöhnlich. Wir dachten und fühlten wie ein Mensch. Spannungen oder Streit gab es nie. Aber heute weiß ich auch, dass das trügerisch war.

Ich bin davon überzeugt, dass es das Gute nur gibt, wenn auch das Schlechte existiert. Doch das habe ich alles erst in den letzten Jahren gelernt. Mit Nane war ich noch nicht so weit. Irgendwie habe ich mir damals gar nicht den Kopf gemacht, den ich mir heute mache. Es lief alles noch viel unbewusster ab.

Das ist vielleicht das Wunderbare daran, wenn man zum ersten Mal verliebt ist. Man ist frei im Kopf. Unbelastet. Man lässt alles laufen und nimmt die Dinge so, wie sie kommen.

Die Liebe zu Nane hielt drei Jahre. Das war schön, aber ich habe dadurch auch einiges verpasst. Weil wir beide unsere Freunde vernachlässigt haben. Ich glaube, wenn man das erste Mal verknallt ist, fixiert man sich ganz schön aufeinander. Auch das könnte ich heute so nicht mehr. Ich brauche Freiraum für mich und vor allem den Kontakt zu meinen Freunden. Doch bei der ersten Liebe wusste ich das alles noch nicht so genau. Und genau das war ja auch schön so.

Sebastian hat seine Lehre zum Friseur fertig gemacht und will bald nach Thailand.

INFO

VERLIEBT   du gehörst zu mir

[music of my heart]

_We found love, so don't fight it.
Life is a roller coaster
you just got to ride it.
I need you, so stop hiding.
Our Love is a Mystery, Girl,
let's get inside it.

(Ronan Keating „Life is a roller coaster")

Liebe. Wer kann schon von sich behaupten, zu wissen, was Liebe ist, was dieses kleine, wunderschöne Wort bedeutet? Die schönsten Phasen im Leben sind immer die, in denen du verliebt bist. Frisch verliebt. Du könntest die Welt umarmen und lächelst den ganzen Tag. Du wartest auf ihn, kannst keine Aufgabe vernünftig erledigen, weil es so viel wichtiger, schöner und aufregender ist, einfach nur an ihn zu denken. An den Tag gestern, an die Küsse, an seine süße Narbe am Kinn. Und du denkst an später, an heute Abend, wenn er da sein wird. Bei dir. Der Fußweg von ihm zu dir, der etwa 25 Minuten dauert, du hast ihn gestern gar nicht bemerkt. Er hat dich nach Hause gebracht und vor deiner Tür hast du dann gestanden und geglaubt, nur Sekunden seien vergangen. Denn die ganze Zeit hast du an die vielen schönen Momente gedacht, die ihr miteinander verbracht habt, und dieses Gefühl gespürt, dieses unglaubliche Kribbeln im Bauch. Liebe lässt dich die Zeit vergessen.

Liebe ist kein Strategiespiel

Du kannst Liebe nicht mit Worten erklären. Du kannst versuchen, die Komponenten aufzählen, die dazugehören, wenn man solche Empfindungen wahrnimmt. Ein großer Bestandteil von Liebe ist zum Beispiel auch Mut. Du solltest nicht zu sehr taktieren. Liebe ist kein Strategiespiel.
„Als ich Silke das erste Mal sah, habe ich keinen Ton rausbekommen", erinnert sich blue4you-Botschafter Manuel, 19. „Ich habe

mich selber nicht wiedererkannt. Eigentlich war ich immer der lokkere Typ und konnte auch gut flirten, sogar erfolgreich. Aber bei Silke war alles anders. Auch als ich sie in den darauffolgenden Wochen noch ein paar Mal traf, mehr als dauernd zu ihr hinzuschauen, habe ich mich nicht getraut. Ich hatte einfach Schiss, dass ich was Blödes sagen würde, also habe ich gar nichts gesagt."
Manuel hatte Glück, denn Silke war selbstbewusst genug, um von sich aus die Initiative zu ergreifen. „Mittags klingelte das Telefon. Ich hätte nie im Leben mit ihr gerechnet, wahrscheinlich wäre ich sonst gar nicht rangegangen, vor lauter Angst. Sie hat mich zu ihrer Party eingeladen. Ich dachte, ich träume."
Die schönsten Träume werden manchmal wahr, die Sympathie für einen Jungen beruht in vielen Fällen auf Gegenseitigkeit. Auch er mag dich, aber ihr beide seid zu schüchtern oder habt viel, zu viel Angst, euch zu öffnen. Liebe ist auch immer eine Überwindung, eine Offenbarung dem

VERLIEBT   du gehörst zu mir

anderen gegenüber. Du wünschst es dir so sehr, aber du hast Angst vor der Abfuhr. Vor dem Schmerz, unerwidert zu lieben. Zurückgewiesen zu werden. Dabei kann es so einfach sein. Just say it. Freu dich lieber auf die Zeit, in der du ihn kennen lernst und viele Dinge an ihm entdeckst, die dir zeigen, was Liebe sein kann.

> I believe your most attractive features are your heart and soul (Savage Garden „Affirmation")

Der „Unter uns"-Schauspieler und Botschafter Tobias war 17, als er Lina begegnet ist. „Du bemerkst eine Sympathie, ein Kribbeln zwischen euch. Und dann entwickelt sich etwas. Der erste Schritt war bei uns nicht das Problem, es hat nur so lange gedauert, bis wir uns diesen Gefühlen richtig hingegeben haben. Bis wir wirklich aufeinander eingegangen sind. Es hat sich quasi angeschlichen. Aber dafür haben wir die Chance genutzt, uns wirklich ganz genau kennen zu lernen. Dadurch hat sich dann eine Beziehung entwickelt, wie ich sie mir schöner nicht hätte vorstellen können. Ich gehörte zu ihr und sie zu mir. In allen Bereichen. Liebe ist totales Vertrauen, totale Romantik, totales Aufeinanderzugehen. Einfach in einer anderen, völlig schwerelos schönen Kategorie denken. Zu zweit wie einer alleine denken. Wenn du dir diese Zeit nimmst, ein Mädchen so gut kennen zu lernen, wirst du die beste Zeit deines Lebens mit ihr verbringen."

Manchmal sind es auch ganz andere Dinge, die du überwinden musst. Bei Katja und Andreas war es falscher Stolz und falsches Image-Denken. Andreas ist heute 22. Zwischen dem Moment, als er sich sicher war, dass er mit Katja zusammen sein wollte, und dem ersten Kuss lagen lange acht Monate Kampf. Die beiden beobachteten sich heimlich, wann immer sie sich irgendwo trafen. „Wir haben uns unabhängig voneinander die gleichen Fragen gestellt. Sie kam aus einer ganz anderen Familie als ich: wohl behütet, viel Geld. Etwas spießig, die typische Reiche-Eltern-Göre." Während Andreas mit dem Gedanken kämpfte, sie wären zu

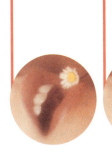

| VERLIEBT | du gehörst zu mir |

grundverschieden, konnte Katja ihren Stolz nicht beiseite schieben. Dabei himmelte sie ihn eigentlich an. Andreas: „Sie fragte sich, was ihre Eltern wohl zu einem Fitness- und Aerobiclehrer sagen würden. Oder wie ihre Freunde das finden würden."

Letztendlich war es dann Mia, die die beiden verkuppelt hat. Mia, die beste Freundin von Katja. Mia kann sich noch sehr genau an die Zeit vor vier Jahren erinnern: „Plötzlich hörte ich von beiden nur noch, wie toll der andere ist. Katja hat mir in den Ohren gelegen, und dann auch noch Andreas. Ohne davon zu wissen. Und ich dazwischen. Nach ein paar Wochen habe ich mir gedacht, die beiden packen das nie alleine. Ich habe dann beide nach der Schule in ein Café eingeladen. Als sie kamen, habe ich gesagt: 'Okay, dann jetzt mal los: Ihr seid verknallt, ihr wollt euch, ihr macht das jetzt klar.'"

Andreas und Katja, Katja und Andreas. Plötzlich ins kalte Wasser geschmissen. Zu verwirrt, um an Stolz und Image zu denken. Verknalltsein erlaubt dir etwas ganz Besonderes: Du kannst das Hirn ausschalten. Nur mit dem Herzen zu denken. Ist es denn jetzt so wichtig, darüber nachzudenken, aus welchem Haus er kommt, welchen Job er macht, welches Styling er trägt? Vergiss es! Oft ist es einfach mal besser, wenn du vergisst, worüber du dir die ganze Zeit (manchmal unnötige) Gedanken machst. Ach ja, Andreas und Katja, sie saßen lange vier Stunden in dem Café. Vergaßen ihren Stolz und sprachen über ihre Gefühle. Und wurden ein Paar. Für immer?

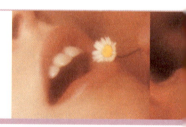

„Liebe ist, wenn sie die Hosen an hat."

Will Smith, US-Schauspieler und Sänger

Was ist Liebe?

„Wenn man morgens aufwacht und der erste Gedanke geht an eine bestimmte Person. Und das auch dann, wenn man sich am anderen Ende der Welt befindet."

Andreas, blue4you-Botschafter

„Das Gefühl, auf das wir alle warten, wenn man gar nicht merkt, dass man sich zum Positiven verändert."

Christin, blue4you-Botschafterin

„… immer ein großer Kampf und nie für immer."

Milla Jovovich, Schauspielerin und Model

VERLIEBT   wahre liebe

[what is love?]

_Oder: Was Mädchen über sich
selbst wissen sollten,
bevor sie sich verlieben

einfach nur verknallt? Oder ist es echte Liebe?
Hier erfahrt ihr, wo da der Unterschied liegt.
Die chemischen Vorgänge, die beim Verlieben eine Rolle spielen,
wurden von Wissenschaftlern längst entschlüsselt. Die schönste
Sache der Welt hat neben der biochemischen Seite, die für die
Hormonausschüttungen zuständig ist, noch ganz andere
Auswirkungen: Die Psyche erlebt durch diese Wechselbäder der
Gefühle Hochs und leider auch mal Tiefs.

Sylvia Wetzel

Und was geschieht dabei mit unseren Gefühlen?
Sind diese Emotionen alle echt, oder ist beim
Verlieben auch eine ganze Menge Wunschdenken
mit im Spiel? Wie kommt es eigentlich, dass
Verliebte oft nicht mehr ganz klar im Kopf sind?
Und vor allem: Weshalb endet manchmal die
schönste Verliebtheit mit Enttäuschung? Wenn
deine Gefühlswelt aus den Fugen gerät und auf stür-
mische Hochgefühle bitterer Kummer folgt, dann
liegt das vielleicht daran, dass du in ein Wunschbild
verliebt warst. Dieses Phänomen erklärt die
Publizistin Sylvia Wetzel als Anhaftung (der Begriff
stammt aus dem Buddhismus und bedeutet das
Festhalten an Vorstellungen über Menschen und
Dinge). Zunächst einmal fühlt sich das, was du gerade erlebst, so an, als wärst du richtig verschossen.
Du bist glücklich und euphorisch. Doch Anhaftung
unterscheidet sich in ganz wesentlichen Punkten
von tiefer Zuneigung, dem Gefühl, aus dem irgendwann echte Liebe werden kann: Vielleicht erkennst

64

du das, was hier abläuft, weil es dir schon einmal so passiert ist? Es lässt sich in etwa so erklären: Du projizierst deine eigenen Erwartungen und versteckte Sehnsüchte auf den neuen Freund. Und wer das – meist unbewusst – macht, der fällt natürlich aus allen Wolken, wenn irgendwann der Nachschub der Glücksbotenstoffe ausbleibt. Denn das Oxytocin sorgt nur am Anfang einer Beziehung dafür, dass der Gefühls-Pegel nicht absinkt. Doch es steht leider nicht unbegrenzt zur Verfügung.
Der Alltag wird nach und nach ein Teil eures Lebens und dann bröckelt auf einmal die rosige Fassade. Ganz plötzlich siehst du deinen Lover ohne Weichzeichner und bist enttäuscht. Denn du hast ihn dir nach dem eigenen Wunschbild zurechtgebogen, und nun passt dir die echte Person nicht ins Konzept. Was hier abgeht, hat natürlich mit Liebe nichts zu tun. Du hast deinen Mangel an Selbstwertgefühl nur kompensiert, indem du deine unerfüllten Erwartungen in ihn hineingelegt hast. Und vielleicht hast du auch versucht, dich in jemanden zu verlieben, nur weil er in ein Bild passt? Nämlich eines, das du dir von dir selbst aufgebaut hast? Emma zum Beispiel brauchte eine Zeit, bis sie durchschaute, dass sie genau das gemacht hatte: Sie war stolz, mit Peter, dem angesagtesten Typen aus der Clique, zusammen zu sein. Ob sie verliebt war? Auf jeden Fall, dachte sie.

Hormone der Liebe, S. 70

Aber ihr Glücksgefühl war dann doch bloß eine Laune, eine Art Anfangsrausch.

„Meine Freundinnen haben mich beneidet, weil Peter auf mich abfuhr. Das hat mir schon geschmeichelt. In der Clique hat er das Sagen und alle schauen irgendwie zu ihm auf. Und er gehörte zu mir – ich schwebte wie auf Wolken." Emma weiß, dass sie geblendet war, weil ihr neuer Freund auch bei den andern Mädchen hoch im Kurs steht. Aber genau wie diese Tatsache ist ihr auch bewusst, dass er eigentlich nichts für sie ist: „Ich habe mich selbst belogen. Obwohl wir uns nichts zu sagen hatten, habe ich versucht, ihn zu halten. Klar, der Sex mit ihm war schön, doch mit meinen Gefühlen war ich nicht bei der Sache. Ich habe mich nie getraut, mich wirk-

VERLIEBT — wahre liebe

lich zu öffnen. Ihm meine Gedanken zu erzählen, meine Wünsche und Träume. Immer wenn ich dachte: 'Gott, ist der cool', redete ich mir ein, dass es das ist, was ich an ihm mag. Dadurch bekam er auch nie die Chance, wirklich an mich heranzukommen. Wir fanden beide nicht aus diesem Teufelskreis heraus und das mit uns ging dann zu Ende. Ich habe nicht gecheckt, dass ich bloß anerkannt sein wollte – bewundert, weil ich mit ihm zusammen bin ..."

Nun, schade, dass Cool-Sein und Glücklich-Sein eben nichts miteinander zu tun haben, oder?

Die Bewunderung deiner Freundinnen mag ja für eine Weile wie Balsam für die Seele wirken, doch irgendwann ist auch das vorbei. Und was hast du davon? Vielleicht nur das: Du weißt nun, dass dir nur echte Gefühle etwas bringen. Wenn du dich wirklich verlieben willst, musst du mit dir im Reinen sein. Versuch nicht, Eigenschaften, die dir fehlen, in deinem Freund zu suchen. Du machst dir dann ein falsches Bild von ihm: nämlich das von dir erdachte. Versuch lieber herauszufinden, was deine Vorzüge sind. Du bist manchmal unsicher? Aber du genießt es auch, wenn du im Mittelpunkt stehst und bewundert wirst? Klar, stehst du drauf, mit einem tollen Typen zusammen zu sein. Aber missbrauch deinen Freund nicht nur zur Zierde deines Egos. Erlebst du dich als unvollständigen Menschen? Und fürchtest du, zu wenig Selbstvertrauen entwickelt zu haben? Dann könnte dir dieser Fehler leicht passieren: Du projizierst deine Sehnsüchte auf ihn, anstelle dieses Defizit bei dir selbst zu beheben.

Claudia zum Beispiel hatte wahnsinnig Angst davor, wieder allein zu sein. Aus dieser Unsicherheit heraus stürzte sie sich von einer Beziehung in die nächste. Immer auf der Suche, immer auf der Flucht vor der Einsamkeit. Aus diesem Grund setzte sie auch alles daran, dass ihre neue Beziehung zu Daniel nicht zerbrach. Und das, obwohl sie spürte, dass sie ihn nicht liebte: „Daniel war für mich da, er war so ne Art Rettungsanker für mich. Ich glaubte, ohne den schaffe ich es nicht. Um nicht ohne Freund dazustehen, habe ich mich an ihn geklammert. Darüber habe ich natürlich meine Freundinnen total vernachlässigt, dabei wären die wirklich für mich da gewesen. Daniel brauchte mich aus den gleichen Gründen, wie ich ihn – meine Freundinnen mochten mich ganz ohne Hintergedanken."

Was Claudia erlebt hat, ist die Anhaftung, aus der keine echte Liebe entstehen kann. Erst wenn dieser Mangel an Selbstbewusstsein bei dir behoben ist, verliebst du dich. Oder du bleibst einfach mal eine Weile allein, ohne dass du es als bedrohlich empfindest. Du musst dich schon so mögen, wie du bist. Mit all deinen Schwächen. Doch an manchen musst du auch ein wenig arbeiten ... Wenn du deine Macken und Fehler kennst, bist du offen für tiefe Beziehungen. Dann wirst du dich in den Richtigen verlieben. Und was dir dabei helfen wird, sind Freundschaften. Vor allem die, in denen du Beziehungen zum eigenen Geschlecht aufbaust.

Wie das gehen soll, fragst du dich? Durch die Beziehung zu deinen Freundinnen lernst du, wer du eigentlich bist. Denn in einer Freundschaft zu anderen Mädchen bekommst du immer wieder einen imaginären Spiegel vorgehalten, in dem sich dein Verhalten reflektiert. Über eine Freundschaft lernst du auch, dass man dich trotz deiner Fehler mag. Du brauchst eine Freundin nicht zu beeindrucken, und auch wenn du Mist baust, ist sie für dich da. So ein Beziehungsnetz ist stabil und es wird dich auffangen, wenn es nötig ist. Und durch diese Freundschaften bekommst du das nötige Selbstwertgefühl.

Genau wie dicke Freundschaften sind auch weibliche Vorbilder ganz wichtig.

Sie formen und prägen dich. Ob das deine Oma ist, die mit beiden Beinen noch fest im Leben steht. Und die dir von ihrem Leben erzählt, von dem, was sie vielleicht mitgemacht hat, ohne daran zu zerbrechen. Oder deine Mutter, die dir vorlebt, wie man an der Aufgabe, wie sie eine Familie darstellt, wächst. Oder auch eine Bekannte deiner Mutter, die vielleicht in ihrem Job sehr erfolgreich ist – von diesen Frauen kannst du unheimlich viel lernen.

Und diese Art von Beziehungen, ob zu Freundinnen oder zu so genannten weiblichen Vorbildern, solltest du nie vernachlässigen. Auch wenn du noch so verknallt sein magst. Denn ohne Freundinnen wirst du allein bleiben. Und erst Freundschaften machen richtig fit für die Liebe.

VERLIEBT — botschafter

„DIE 1. BEZIEHUNG"
ICH, MANUEL, 16

Gefühlskarussell der ersten Liebe _Wenn ich heute an die Zeit vor zwei Jahren denke, dann wünsche ich mir manchmal, dass ich das alles noch einmal genau so erleben könnte: In meiner ersten Beziehung fuhren die Gefühle mit mir Achterbahn. Und all das Neue, Unbekannte überrollte mich. Da war dieses Mädchen, das mich in seinen Bann gezogen hatte. Sie war vollkommen anders als all die anderen. Ragna war einfach sie selbst und von dem Augenblick an, als ich sie das erste Mal sah, war ich von ihr fasziniert.

Die Gedanken drehten sich im Kreis. Mein Mittelpunkt war sie.

es war Sommer und die Sonne brachte die Luft zum Flimmern. Meine Freunde und ich flohen aus der Stadt ins Sommerlager nach Belgien. Dort trainierten wir in jeder freien Minute Hap-Ki-Do, eine asiatische Kampfsportart. Und um bei der Hitze durchzuhalten, kühlten wir uns mit erfrischenden Wasserschlachten ab: Da stand Ragna plötzlich mit einer vollen Wasserflasche vor mir und verpasste mir eine eiskalte Dusche. Sie war so frech und so lebendig. In dieser Woche im Feriencamp habe ich immer wieder ihre Nähe gesucht. Schade, dass wir nach einer Woche zurück nach Hamburg mussten. Auf der Busfahrt hielten wir uns an den Händen und alberten die ganze Zeit herum. Langweilig war mir nie, wenn ich mit diesem Mädchen zusammen war. Die Zeit mit ihr flog nur so vorbei. Und genauso rasend schnell lief unser Abschied ab. Als ich wieder zu Hause war, merkte ich, dass ich noch nicht einmal ihre Telefonnummer hatte. Die habe ich mir über Laura, eine gemeinsame Freundin, beschafft und ein paar Tage später rief ich sie an. Sie lud mich zum Essen ein, das war unser erstes, richtiges Date.
Gedankenkarussell der ersten Liebe. Gefühlschaos und verlegene Pausen. Unsere Pizza wurde kalt.
Junge, dieser Abend war vielleicht seltsam. Ragna hatte Pizza gebacken, die wir vor lauter Nervosität kaum hinunterbekamen. Es gab einige Momente, in denen wir uns nichts zu erzählen hatten.

Damals waren wir uns noch zu fremd. Es entstanden Pausen zwischen den stockenden Gesprächen: Diese Stille konnte man hören, es war fast unerträglich. Die Spannung zwischen uns knisterte und ich glaube, wir wussten beide, was das zu bedeuten hatte. Aber mehr ist an dem ersten Abend nicht gelaufen. Als ich spät nachts zu Hause ankam, musste ich Ragna unbedingt noch mal anrufen. Auf einmal waren wir beide viel entspannter. Wir haben dann so ein Ratespiel am Telefon gemacht. Jeder musste dem anderen sagen, wie es in ihm drin aussieht. Ragna hatte mit dem ersten Buchstaben anfangen, ich habe den nächsten hinzugefügt. Bis der Satz fertig war. Wie er lautete?

Ich bin in dich verliebt.

Mit Ragna hatte ich eine tolle Zeit. Sie war meine Geliebte und meine Freundin. Ihr habe ich wirklich vollkommen vertraut. Und ich konnte mich darauf verlassen, dass sie für mich da war. Mit diesem Mädchen konnte ich wirklich Pferde stehlen. Und die Schule schwänzen. Da unsere Eltern ganz locker waren, gab es nie Probleme, wenn ich bei ihr übernachtet habe. Hey Leute, nicht weitersagen, aber wir haben dann ab und zu zusammen blaugemacht. Die Situation war auch zu verführerisch. Ragnas Mutter ging zur Arbeit und wir verließen morgens mit ihr das Haus. Kurz darauf haben wir uns wieder hineingeschlichen. Das waren die schönsten Stunden in unserer Beziehung. Wir verkrochen uns im Bett und erlebten zusammen wunderbares Neuland. Wir kuschelten, knutschten und berührten uns. Dann redeten wir über uns und unsere Träume. Wenn wir später so richtig ausgehungert waren, machte Ragna uns ihre leckeren Pfannkuchen mit Zimt zum Frühstück.

Das erste Mal. Nähe und Glück. Und eine Katastrophe. Die Gefühle spielten verrückt.

Ja, Ragna war das Mädchen mit dem ich das erste Mal erlebt habe. Nachdem wir ein halbes Jahr zusammen waren, habe ich mit ihr geschlafen. Es war wunderschön. Und es war katastrophal. Ich weiß, das klingt jetzt völlig widersprüchlich, aber so war es auch. Wir waren lange zusammen, eineinhalb Jahre hielt unsere Beziehung. An diese Zeit mit ihr denke ich immer noch verdammt gern zurück.

Manuel ist unser jüngster Botschafter. Der Schüler düst am liebsten per Skateboard durch seine Stadt . Die große Liebe? „Ach ja ..."

INFO

VERLIEBT hormone und co

[3 Phasen der Liebe]

Was passiert in unserem Körper, wenn wir uns verlieben?

Seit Jahren untersuchen Wissenschaftler, welche biochemischen Prozesse sich in unserem Körper abspielen, wenn wir uns verlieben. In zahlreichen Studien fanden sie heraus: Unsere Gefühle werden von vielen Hormonen und Botenstoffen beeinflusst. Die Hormone entscheiden darüber, ob wir uns von jemandem angezogen fühlen, ob wir uns verlieben und ob wir uns binden.
Oder auch nicht ...

Verliebte erleben drei Phasen. Das beweisen mehrere Studien namhafter Biologen und Psychologen.

1. Phase

Erste Phase: Am Anfang ist die Lust. Wir suchen nach einem Partner, um unseren angeborenen Fortpflanzungstrieb zu befriedigen. Während dieser Zeit kommen zwei Sexualhormone ins Spiel: Testosteron (männlich) und Östrogen (weiblich). Die Produktion dieser Hormone wird vom Gehirn gesteuert. Je mehr Testosteron ausgeschüttet wird, desto mehr Lust verspüren wir. Es sind aber nicht nur Hormone im Spiel, sondern auch Sexuallockstoffe. Diese heißen Pheromone. Sie beeinflussen, wen wir (riechen) mögen – und wen nicht. Deshalb beeinflussen die Pheromone maßgeblich die Wahl unseres Partners.

Zweite Phase: Wir sind verliebt. Wir haben keinen Appetit mehr, müssen uns mit schlaflosen Nächten abfinden und sind mal euphorisch, mal verzweifelt. Wir sind sozusagen nicht mehr von dieser Welt. Unsere Umwelt ist uns schnurz – Hauptsache, wir können mit dem geliebten Partner zusammen sein. Schuld an diesem Rausch der Gefühle sind Botenstoffe: Untersuchungen belegen, dass Euphorie und Leidenschaft vom Botenstoff Dopamin verursacht werden.

2. Phase

Die Psychiaterin Donatella Marazziti von der italienischen Universität Pisa ist davon überzeugt, dass Patienten, die an einer Zwangsstörung leiden, und frisch Verliebte gleichermaßen einen Mangel am Botenstoff Serotonin im Gehirn aufweisen. Dadurch sei die Übermittlung von Nervensignalen gestört und somit die emotionale Verfassung betroffen. Bei frisch Verliebten sei dies jedoch (glücklicherweise) zeitlich begrenzt.

Dritte Phase: Langsam tritt wieder Ausgeglichenheit ein. Jetzt entscheidet sich, ob wir uns fest binden – oder nicht. Diese Entscheidung wird von den Hormonen Oxytocin und Vasopressin gesteuert. Oxytocin, eines der kleinsten Moleküle, sorgt für Liebe und Treue. Dieses Hormon wird übrigens bei Hochschwangeren benutzt, um künstlich die Wehen einzuleiten. Bei Frauen, die Probleme mit dem Stillen haben, wird Oxytocin verwendet, um die Milchproduktion anzuregen. Und bei Männern spielt es beim Orgasmus eine wichtige Rolle. Oxytocin wirkt allerdings nicht ewig – ein Zeichen, dass Liebe dann eben doch mit mehr als nur Hormonausschüttungen zu tun hat?

3. Phase

VERLIEBT eltern

[endlich allein sein]

_Sie schaut aus dem Fenster. Draußen regnet es Bindfäden. Dann kuschelt sie sich in Svens Arme und fühlt sich einfach gut.

P lötzlich öffnet sich die Zimmertür, ihre Mutter kommt herein und hat zwei Gläser Cola in der Hand: „Ich dachte, ihr möchtet vielleicht was trinken", sagt sie und schaut dabei Sven an.

Der springt auf, lächelt wohlerzogen und nimmt die beiden Gläser entgegen. Sie könnte ihre Mutter erwürgen.

Solche Situationen kennt eigentlich fast jeder. Du bist frisch verliebt, und das Einzige, was du möchtest, ist, ein paar ungestörte Stunden mit deinem Freund zu verbringen. Ihn küssen zu können, ohne dass sich deine Freundinnen kichernd anstoßen. Ihn berühren, ihn streicheln, ihm endlich so nahe sein zu können, wie du es die ganze Zeit schon möchtest.

Eigentlich das Normalste auf der Welt. Und doch so schwer zu verwirklichen. Denn plötzlich sind selbst die liberalsten und offensten Eltern wie verwandelt. Anne, 17, Schülerin aus Stuttgart, erinnert sich noch gut daran: „Ich hatte damals gerade Sven kennen gelernt. Ich war total verknallt und habe jede freie Minute mit ihm verbracht. Und immer wenn ich abends zu ihm ging, kamen die gleichen blöden Sprüche: 'Ach, du gehst noch weg' oder 'Na, war wohl schön gestern Abend, nach der Uhrzeit zu urteilen'".

Was ist es, was deine Eltern plötzlich dazu bringt, dich zu nerven? Meike Carrels von blue4you: „Die Zeit, in der Kinder erwachsen werden, ist für Eltern nicht leicht. Bis vor kurzem waren sie noch der Mittelpunkt im Leben ihrer Kinder. Und ganz plötzlich kommt da jemand, der ihnen die uneingeschränkte Liebe ihres Kindes wegnimmt." Im Klartext: Irgendwo, ganz tief drinnen, sind deine Eltern eifersüchtig. Eifersüchtig auf dein neues Leben, in dem sie nicht mehr die Rolle spielen, die sie noch vor kurzem gespielt haben. Diese Erkenntnis kann für Eltern sehr schmerzhaft sein. Weil für sie damit ein Lebensabschnitt zu Ende geht.

Versuch es doch einfach einmal von der positiven Seite zu sehen: Dass deine Eltern nerven, ist letztendlich nur Ausdruck dafür, dass sie dich über alles lieben. Dass es ihnen nicht gleichgültig ist, was du so treibst und mit wem. Weil sie möchten, dass du glücklich bist. Und das ist doch sehr schön. Auch wenn die Art und Weise, das zu zeigen, zugegebenermaßen manchmal etwas seltsam ist. Das Wichtigste ist, dass du mit deinen Eltern sprichst. Sag ihnen, was du fühlst, was du dir wünschst und denkst.

Kennst du das? Er küsst dich, er streichelt dich und dann kommt Mama und futsch ist die Stimmung

Und dass die Tatsache, dass du jetzt einen Freund hast, nicht unbedingt bedeutet, dass du sie weniger lieb hast. So was ist natürlich leichter gesagt als getan. „Nicht immer hat ein Gespräch mit den Eltern den gewünschten Erfolg. Je nachdem, wie sehr sich die Eltern auf ihr Kind fixiert haben, braucht es unter Umständen eine Konfrontation, um sich voneinander zu lösen.
Und das kann ganz schön wehtun", weiß Psychologin Carrels. Aber oft renken sich die Dinge auch von allein wieder ein. So war es zum Beispiel bei Anne. Sie hat mit ihren Eltern gesprochen.

Die reagieren im ersten Moment betroffen und verletzt, aber dann setzen sich die beiden mit Anne zusammen. Sprechen von Sorgfaltspflicht und Verantwortung. Von Familie und Zusammengehörigkeit. Anne ihrerseits spricht davon, wie sie das Verhalten ihrer Eltern anstrengt. Davon, dass sie einfach mehr und mehr das Bedürfnis hat, mit ihrem Freund und mit ihren Freundinnen zusammen zu sein. Am Schluss umarmen sich beide „Parteien" und geloben Besserung. Anne bemüht sich seitdem, wieder mehr am Familienleben teilzunehmen. Und mit der Zeit gewöhnen sich die Eltern an ihren neuen Freund. Besonders die beiden „Männer" haben ein richtig freundschaftliches Verhältnis zueinander.

„Also, manchmal ist das richtig nervig. Da freue ich mich auf ein gemütliches Zusammensein mit Sven, und was passiert? Er setzt sich erst mal zusammen mit meinem Vater vor den Fernseher und fachsimpelt über Fußball." In gespielter Empörung rauft sich Anne die dunklen Locken. Ja, ja, wenn Eltern nerven ...

73

VERLIEBT sexualität

[das erste mal]

Sie lag auf dem Bett, die Decke bis unters Kinn gezogen. Ihr Herz klopfte bis zum Hals, als er im Halbdunkel zu ihr herüberkam – und plötzlich wusste sie: Es war so weit. Heute würde es passieren – sie würde zum ersten Mal mit einem Jungen schlafen ...

Sie wollte es endlich wissen. Wollte es fühlen, mit allen Sinnen erfahren – dieses geheimnisvolle erste Mal, von dem alle sprachen und das doch niemand richtig beschreiben konnte. Ein bisschen Angst hatte sie auch: Angst, dass es vielleicht nicht klappen oder dass sie etwas falsch machen würde. Doch als Johannes dann vorsichtig in sie eindrang, spürte sie nur noch eines: diese ungewohnte, einzigartige, prickelnde Wärme – das Gefühl, zum ersten Mal eins zu sein, zu verschmelzen mit dem Körper eines Mannes ...

Höhenflug oder Horrortrip?

Jedes Mädchen, jeder Junge erlebt das erste Mal anders. Für die einen ist es eine unvergessliche erotische Erfahrung, für die anderen der reinste Horrortrip – und für die meisten weder das eine noch das andere. Collien, 19, erzählt, wie sie sich beim ersten Mal gefühlt hat: „Ob es schön war? Na ja, ich war wahrscheinlich zu verkrampft. Es war okay, ich weiß, ein blödes Wort, aber was Besseres fällt mir nicht ein."

So wie Collien geht es vielen jungen Frauen. Es ist ganz normal, dass du beim ersten Mal aufgeregt bist. Bitte erwarte nicht zu viel! Es kann sein, dass es ein bisschen wehtut und dass du den Sex nicht richtig genießen kannst. Aber keine Sorge: Die Lust am Miteinander-Schlafen stellt sich ganz von selbst ein, wenn du ein bisschen mehr Erfahrung hast und relaxter bist. So war es übrigens auch bei Collien. „Erst beim zweiten Mal konnte ich mich mehr entspannen, da hat es mir wirklich gefallen", berichtet die Sängerin.

sex & drugs?
Ob du Alkohol trinkst, Ecstasy nimmst oder Joints rauchst – all diese Drogen beeinflussen dein Lustgefühl. Deshalb solltest du beim Sex unter Drogen besonders vorsichtig sein – denn im enthemmten Zustand läufst du Gefahr, Dinge zu tun, die du am nächsten Morgen vielleicht schon wieder bereust. Am besten ist Liebe ohne Drogen!

VERLIEBT sexualität

Tu nicht, was du nicht willst!

Sex mit 13? Ganz normal, könnte man meinen, wenn man manche Leute reden hört. Die Folge: Viele Mädchen und Jungen denken, dass mit ihnen etwas nicht stimmt, wenn sie mit 14, 15 oder 16 noch keine sexuellen Erfahrungen haben. So ging es auch Oli, 22, Botschafter für ALL ABOUT ADAM. „Ich war 14 und mein Kumpel schon 15", erzählt er. „Er hatte noch vor seinem 15. Geburtstag mit einem Mädchen geschlafen. Da war für mich klar: Ich muss das auch schaffen. Ich habe es dann vier Tage vor meinem Geburtstag getan, weil ich Angst hatte, als Idiot dazustehen."

Olli ist kein Einzelfall. Vielen Jungen und Mädchen ist es peinlich, noch nie mit jemandem geschlafen zu haben. Dabei gibt es weder das richtige Alter noch den richtigen Zeitpunkt. Manche Mädchen erleben das erste Mal mit 14, andere mit 20 – und es ist ganz sicher kein Zeichen von Reife, möglichst früh mit einem Jungen zu schlafen! Lass dich also weder von deiner Clique noch von Zeitschriften oder vom Fernsehen unter Druck setzen! Wann du bereit bist, hängt ausschließlich von deinen Gefühlen ab – und die sind eben bei jedem anders.

Im Bett mit Christin und Tobias.
Für diese Strecke haben die Fotografen THOMAS RUSCH (ALL ABOUT ADAM) und CAROLINE MARTI (ALL ABOUT EVE) gleichzeitig fotografiert.

| VERLIEBT | sexualität |

[wann, wo, wie, mit wem?]

Leider gibt es keine Erfolgsgarantie fürs erste Mal – aber immerhin ein paar hilfreiche Tipps. Hier sind sie:

_Wann? Nur, wenn du innerlich dahinterstehst und bereit bist, den Jungen wirklich nah an dich heranzulassen und dich ihm zu öffnen. Lass dich nicht drängen oder überreden! Wenn er dir nicht die Zeit gibt, die du brauchst, hat er dich nicht verdient!

_Wo? Ideal ist eine vertraute Umgebung, zum Beispiel dein eigenes Zimmer, wenn deine Eltern verreist oder „eingeweiht" sind. Genauso gut eignet sich die Wohnung deines Freundes. Nicht empfehlenswert sind Orte, an denen ihr jederzeit gestört werden könnt, zum Beispiel auf einer Party, im Park oder im Auto. Das kannst du alles später mal ausprobieren – aber gerade beim ersten Mal solltest du dich wirklich sicher und geborgen fühlen.

_Wie? Auch wenn's dir vielleicht peinlich ist, solltest du dem Jungen sagen, dass es für dich das erste Mal ist. Wenn er das weiß, kann er sich darauf einstellen und besonders vorsichtig sein. Dass ihr euch um die Verhütung kümmert, dürfte klar sein, und dann kann es losgehen ... Das Vorspiel ist für dich sicher nichts Neues. Erst wenn ihr beide durch ausgiebiges Streicheln, Liebkosen und Küssen richtig locker seid, solltet ihr miteinander schlafen. Sag deinem Freund, was dir gefällt, wovor du Angst hast und was du nicht magst. Du tust weder ihm noch dir einen Gefallen, wenn du stillschweigend etwas erduldest, was dir keinen Spaß macht oder womöglich sogar wehtut!

Mehr über Verhütung auf S. 82

✻ _ Mit wem? Am besten mit dem Jungen, den du wirklich liebst und mit dem du eine feste Beziehung hast. Ein One-Night-Stand ist fürs erste Mal nicht das Richtige, denn bei einer Partybekanntschaft weißt du überhaupt nicht, wie rücksichtsvoll der Junge ist. Auf keinen Fall solltest du deinen großen Schwarm durch Sex erobern wollen – denn es ist bitter, wenn du danach vielleicht feststellen musst, dass es ihm nur um den Sex ging und nicht um dich.

VERLIEBT sexualität

INFO

Souveräne Jungs?

Sex ist aufregend – keine Frage. Und das gilt auch für die Jungs. Viele von ihnen stehen ziemlich unter Druck, haben Angst, keine Erektion oder einen vorzeitigen Samenerguss zu bekommen. Wenn du merkst, dass dein Freund angespannt ist, kannst du ihm durch Streicheln und Küssen helfen, lockerer zu werden. Und bestimmt ist er dankbar, wenn du ihm sagst, dass Sex mit ihm für dich immer schön ist – auch wenn mal nicht alles perfekt läuft.

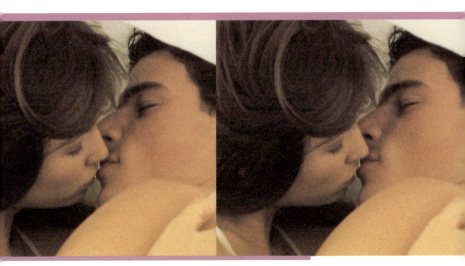

INFO

Kein Leistungsdruck!

Mach dir klar, dass du nichts „leisten" oder „schaffen" musst! Es ist überhaupt nicht schlimm, wenn es beim ersten Versuch noch nicht klappt, weil du vielleicht nicht entspannt genug bist. Denn Sex kann auch sehr viel Spaß machen, ohne dass ihr miteinander schlaft. Denk daran, dass ihr alle Zeit der Welt habt …

VERLIEBT verhütung

[verhüten – aber wie?]

_Peinlich? Unsinn! Das Thema Sex beginnt nicht mit dem Abstreifen der Klamotten, sondern: mit Reden.

katharina spürte seinen heißen Atem auf ihrer Haut. Seine Hände, die sie streichelten und erregten. Seinen Penis – hart und aufregend. Langsam streifte sie das Kondom darüber, hörte ihn aufstöhnen. Prickelnde Lust strömte durch ihren Körper – und dann war es so weit: Er drang in sie ein. Behutsam und kraftvoll zugleich – bis sie das Gefühl hatte, dass er sie ganz ausfüllte ...

Vielleicht kennst du sie – diese Augenblicke, in denen du am liebsten jede Vernunft vergessen würdest. Dich treiben lassen möchtest, einfach dahingleiten willst auf dieser wunderbaren Woge der Lust – ohne den Kopf einzuschalten. Ohne an Verhütung und an Schutz vor AIDS zu denken. Aber egal ob Partybekanntschaft oder fester Freund – bitte schlaf nie mit einem Jungen, der den Schutz vor Schwangerschaft und AIDS nicht ernst nimmt! Ein Junge, der in so einer wichtigen Frage nicht auf dich eingeht, wird wahrscheinlich auch in anderen Situationen nicht für dich da sein.

„Beim ersten Mal war es mir total peinlich, das Thema Verhütung anzusprechen. Ich kam mir verklemmt und spießig vor – aber irgendwie musste es ja sein. Denn eines war für mich klar: Ohne läuft nichts ...“
Katharina, 17

Du bist total verrückt nach ihm. Kannst es kaum glauben, dass es ihm genauso geht. Dass er jetzt wirklich neben dir liegt, dir zärtliche Dinge ins Ohr flüstert, dich küsst ... dass ihr gleich miteinander schlafen werdet. Du kennst ihn kaum, aber eines weißt du, spürst du bis in die letzte Faser deines Körpers: Du willst ihn. Jetzt.

Verhütung – ein Stimmungskiller?

„Früher dachte ich, Kondome wären die totalen Lustkiller. Deshalb habe ich sie lange Zeit nicht verwendet", erzählt Julia, 23. Die Folge: Wenn Julia mit einem Jungen schlief, dachte sie ständig daran, dass sie schwanger werden oder AIDS bekommen könnte. Sie war so sehr mit diesem Gedanken beschäftigt, dass sie den Sex nie richtig genießen konnte.

„Heute weiß ich, dass ich mich nur dann richtig fallen lassen kann, wenn die Sache mit der Verhütung sicher geregelt ist", sagt Julia. So wie ihr geht es den meisten Mädchen und Frauen – mehr oder weniger bewusst. Wenn du dich nicht um deine Sicherheit kümmerst, kannst du den Sex nicht unbeschwert genießen – und trägst das volle Risiko, AIDS zu bekommen oder schwanger zu werden.

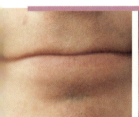  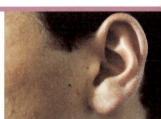

Verhütung ist ein Miteinander-Reden: Sprich mit ihm!

Verhütungsmittel & -methoden im Überblick

Pille

Wenn du täglich die **Pille** nimmst, bekommst du keinen Eisprung und kannst deshalb nicht schwanger werden. Die Pille ist in Verbindung mit dem Kondom (zum Schutz vor AIDS) eigentlich das ideale Verhütungsmittel für junge Mädchen. Warum? Weil sie eine mehr als 99-prozentige Sicherheit zu einem relativ günstigen Preis bietet (ca. 5 bis 17 € pro Monat; Mädchen bis 20 zahlen nur die Rezeptgebühr). Außerdem sind die Nebenwirkungen vergleichsweise gering.
Die Pille bekommst du nur auf Rezept in der Apotheke, die angegebenen Kosten musst du aber selber tragen.

Spritze

Ähnlich wie die Pille wirkt eine **Dreimonatsspritze**. Dabei wird dir ein Verhütungsmittel gespritzt, das drei Monate lang geringe Hormonmengen abgibt. Der Nachteil: Es treten häufiger Zyklusstörungen und Zwischenblutungen auf. Die Dreimonatsspritze kostet ca. 25 €.

Kondom

Das **Kondom** reicht zur Empfängnisverhütung nicht aus, aber es bietet den einzigen wirksamen Schutz vor AIDS. Deshalb solltest du nie auf ein Kondom verzichten – auch dann nicht, wenn du zum Beispiel die Pille nimmst. Das Kondom wird über das steife Glied gezogen, so dass die Samenzellen nicht in die Scheide gelangen können. Kondome gibt's in Supermärkten, Drogerien und Apotheken – und als Automatenware in öffentlichen Toiletten. Kostenpunkt: je nach Ausführung ca. 0,50 bis 1,50 € pro Stück.

Mini-Pille

Die **Mini-Pille** bewirkt, dass sich der Schleim im Gebärmutterhals verfestigt. Dadurch können die Spermien nicht in die Gebärmutter gelangen. Die Mini-Pille ist etwa zu 97 bis 99 Prozent sicher. Es gibt sie für monatlich ca. 6 bis 17 € auf Rezept in der Apotheke, Mädchen unter 20 zahlen nur die Rezeptgebühr. Für junge Frauen eignet sich die Mini-Pille allerdings meist weniger gut als die Pille. Denn wenn die tägliche Einnahmezeit um mehr als drei Stunden überschritten wird, bietet die Mini-Pille an den folgenden beiden Tagen keinen zuverlässigen Schutz mehr.

Das **Implantat** wird der Frau direkt unter der Haut des Oberarms in Form eines kleinen Hormonstäbchens eingesetzt. Es gibt drei Jahre lang ständig geringe Hormonmengen ab. Es wirkt ähnlich wie eine Mini-Pille, hemmt zusätzlich den Eisprung und bietet fast 100-prozentige Sicherheit, kann aber zu Unregelmäßigkeiten in der Periodenblutung führen. Das Implantat kostet für drei Jahre ca. 300 € und wird vom Frauenarzt eingesetzt.

Implantat

Die **Spirale** besteht aus Kunststoff mit Kupferanteilen und wird vom Frauenarzt in die Gebärmutter eingelegt, wo sie maximal fünf Jahre bleiben kann. Die Spirale verringert die Beweglichkeit der Samenzellen und verhindert die Einnistung eines befruchteten Eis. Sie ist ziemlich sicher (ca. 98 bis 99 Prozent). Das Einsetzen der Spirale ist für junge Frauen aber oft sehr schmerzhaft, und es können vor allem zu Beginn Zwischenblutungen auftreten. Die Spirale kostet je nach Modell ungefähr 80 bis 130 €.

Spirale

Wie die Spirale wird das **Intrauterinsystem** in die Gebärmutter eingesetzt, wo es ca. fünf Jahre lang geringe Hormonmengen abgibt. Es gilt als sehr sicher (über 99 Prozent), ist aber sehr groß und ist deshalb für junge Frauen nicht gut geeignet (230 bis 300 €).

Das **Scheiden-Diaphragma** oder **Scheiden-Pessar** ist eine Art Gummihütchen, das du in die Scheide einführst. Es soll verhindern, dass Samenzellen in die Gebärmutter eindringen, bietet aber nur einen etwa 80- bis 90-prozentigen Empfängnisschutz. Das liegt daran, dass das Einsetzen des Diaphragmas gerade jungen Frauen oft nicht leicht fällt. Außerdem muss das Pessar nach dem Geschlechtsverkehr sechs Stunden lang in der Scheide bleiben, was vielen Mädchen unangenehm ist. Das Diaphragma muss vom Frauenarzt angepasst werden und kostet ca. 26 bis 37 €.

Diaphragma

VERLIEBT verhütung

Kappe

Die **Portiokappe** besteht aus Latexmaterial. Sie wird nach der Periode auf den Muttermund (Portio) aufgesetzt und vor der nächsten Regelblutung wieder entfernt. Du kannst die Kappe auch erst eine halbe Stunde vor dem Geschlechtsverkehr einsetzen. Danach darf sie mindestens sechs Stunden lang nicht entfernt werden. Die Portiokappe muss vom Frauenarzt angepasst werden. Sie kostet ca. 30 € und bietet eine etwa 90-prozentige Sicherheit – deshalb: ebenfalls nicht empfehlenswert.

Cremes

Chemische Verhütungsmittel gibt's als Cremes, Schaumprodukte, Zäpfchen und Vaginaltabletten in Apotheken, Drogerien und Supermärkten. Die Mittel werden etwa zehn Minuten vor dem Geschlechtsverkehr in die Scheide eingeführt und sollen die Samenzellen abtöten – aber keines dieser Mittel bietet wirkliche Sicherheit! Die Mittel wirken zum Teil recht aggressiv, sie können Brennen, Juckreiz oder Irritationen auslösen.

Rechnen

Natürliche Methoden: Die **Kalendermethode** zur Berechnung der fruchtbaren Tage ist ziemlich unsicher. Auch die Temperaturmethode, bei der man durch Messen der Körpertemperatur den Eisprung feststellt, ist nicht zuverlässig genug. In Kombination mit der Schleimmethode, bei der du anhand des Muttermundschleims die fruchtbaren Tage ermittelst, kann die Temperaturmethode zwar eine bis zu 95-prozentige Sicherheit bieten.
Bei allen natürlichen Verhütungsmethoden darf die Frau um den Eisprung herum mindestens sieben Tage lang keinen Geschlechtsverkehr haben oder muss dann anders verhüten. Für junge Mädchen ist es oft nicht leicht, sich daran zu halten.
Seit einigen Jahren gibt es auch kleine Messcomputer, die die fruchtbaren Tage ermitteln – aber sie bieten leider ebenfalls keinen 100-prozentigen Schutz.

INFO

Doch passiert?

Wenn du doch einmal ohne Verhütung mit einem Jungen geschlafen hast – bitte keine Panik! Ruf gleich am nächsten Tag deinen Frauenarzt an und lass dir die „Pille danach" verschreiben. Wenn du spätestens 48 Stunden nach dem Geschlechtsverkehr mit der Einnahme beginnst, verhindert die „Pille danach", dass sich eine schon befruchtete Eizelle in der Gebärmutterschleimhaut einnistet. Weil die „Pille danach" relativ große Hormonmengen enthält, kann es allerdings während der Einnahmezeit (vier Tage lang) zu Übelkeit und Erbrechen kommen. Die „Pille danach" ist wirklich nur für Notfälle gedacht.

Safer Sex

Sex kann stürmisch und leidenschaftlich sein. Zärtlich, sanft und liebevoll. Oder heftig und explosiv. Oder alles auf einmal. Und leider kann Sex auch gefährlich sein. Johannes, 20, Botschafter für ALL ABOUT ADAM, berichtet: „Mir ist es schon passiert, dass ich ohne Kondom mit einem Mädchen geschlafen habe. Um sicherzugehen, habe ich zweimal einen AIDS-Test gemacht."
Die Ergebnisse: negativ. Zum Glück.
Und noch etwas ist Johannes passiert: Mit seiner Exfreundin hat er einmal ganz ohne Verhütung geschlafen. Am nächsten Tag hat sie die „Pille danach" genommen. Seitdem kommt Sex ohne Verhütung für Johannes nicht mehr in Frage. „Sicherheit muss sein", sagt er. Und das gilt für uns alle. Dann können wir eintauchen in den heißen Strom der Lust – und uns treiben lassen …

VERLIEBT   botschafter

„MEIN ERSTES MAL"
ICH, OLLI, 22

Mein erstes Mal zwei
_Das erste Mal. Ich war 14. Es war im
Urlaub, es geschah am Strand, es war
ein Fehler. Denn es war eine Lüge.

Sie liegt in meinen Armen und meine Fingerspitzen spielen mit ihren dunklen Locken. Ich spüre ihren Körper, wie er sich unter mir anspannt, und ich merke, wie mein eigener Körper auf sie reagiert. Sie drückt meinen Kopf an ihren Hals und meine Zunge schmeckt das Salz ihrer Haut. Sie küsst mich. Lange, so lange, dass ich denke, es müssen Stunden sein.

Ihre Zunge fährt über meine Lippen und noch etwas unsicher taste ich mich vor. Ihr Atem wird heftiger. Ihre Hand fährt über meinen Rücken und drückt sanft auf meinen Po. Instinktiv weiß ich, was jetzt kommt. Und dann hilft sie mir, nimmt mir das Kondom aus der Hand, streift es darüber, und fast ist mir, als könnte ich sie im Dunkeln lächeln hören. Es ist Mitternacht. Über uns der Sternenhimmel, der die Wassertropfen auf ihrer Haut reflektieren lässt. Es ist ein Moment, den kein Kitschromanautor besser hätte erfinden können. Es ist ein Moment wie im Bilderbuch.

Es ist der beschissenste Moment in meinem Leben

88

Denn die Frau, mit der ich gerade schlafe, ist nicht Tanya. Es ist nicht das Mädchen, mit dem ich schon seit fast sechs Monaten zusammen bin. Das ich liebe. Mit dem ich gemeinsam das erste Mal haben werde. Ich mit Tanya, und Tanya mit mir. Das Mädchen, das sich jetzt unter meinen heftigen Bewegungen aufbäumt, ist ein Urlaubsflirt, eine Wette, ein dummes Spiel mit Gefühlen.

Es ist der 12. August, vier Tage vor meinem 15. Geburtstag. Ich bin mit meinen drei besten Freunden per Interrail nach Spanien gefahren. Urlaub total. Nur die Jungs und alles andere ist weit, weit weg. Schule, Familie und: Tanya. Wir fühlen uns frei und ungebunden. Wir wollen was erleben. Sport, Sonne, Strand und: Mädchen. Natürlich vor allem Mädchen. Denn das ist mit 14 dein Abenteuer. Das Abenteuer, deine Jungfernschaft zu verlieren. Mein bester Freund Timo hat sie kurz vor seinem 15. Geburtstag verloren. Damit war unausgesprochen klar: Bis 15 hast du Zeit, wer danach noch Jungfrau ist, ist kein Mann. Das sagt ja schon das Wort: Jungfrau. Erst ein richtiger Fick macht aus dir einen richtigen Mann. Dachten wir. Damals.

```
War ich jetzt ein richtiger Mann?
War irgendwas anders? Wo war das
Siegesgefühl? Der Morgen danach war
weniger erhebend, als ich gedacht
hatte. Die Jungs reagierten normal,
kaum ein Wort wurde drüber verloren.
Die Nacht hatte einen schalen
Beigeschmack ...
```

Ich habe Tanya nie erzählt, was damals im Urlaub vorgefallen ist. Fast sechs Jahre blieben wir zusammen. Plötzlich, nach den Ferien, war auch sie bereit. Und es war toll. Auch ohne Sternenhimmel.
Ein Gutes hatte mein Erlebnis am Strand gehabt: Beim 'zweiten' ersten Mal war der Erfolgsdruck weg. Bei Tanya war ich einfach entspannt, viel gelöster.
Das Besondere war das Gefühl der Vertrautheit, das Gefühl der Nähe. Das hat es wunderschön gemacht. Ob ich das 'erste' erste Mal bereue? Ich weiß nicht, ja und nein. Ja, weil es eine Lüge gegenüber Tanya war. Nein, weil es mich tatsächlich zum Mann gemacht hatte. Denn danach wusste ich, was ich wirklich wollte.

Olli hat seit seinem Abi als Model gearbeitet und möchte jetzt auch probieren, im Fernsehen aufzutreten. Du solltest dir sein Gesicht merken!

INFO

VERLIEBT   let's talk about sex

[Danacee trifft die 3.Generation]

Nat, 21
Lernte in einem Plattenladen in Stuttgart den Musiker und Komponisten Thomilla kennen. Mit ihm und ihrer kleinen Schwester Sofi arbeitete sie lange am ersten Album.

Sofi, 17
Sie sang und tanzte schon mit 14 in Musikvideos. Sie hat ihre große Liebe noch nicht gefunden.

_blue4you spricht mit den Mädels von Danacee und den Jungs von der 3. Generation über Liebe, Sex und Partnerschaft

Darko, 24
Kommt aus Berlin, ist aber in einem kleinen Dorf namens Gospic in Kroatien geboren. Er ist der Leadsänger der Truppe.

Tolga, 21
Ebenfalls aus Berlin. Er stieß als letzter zu der 3. Generation und ist hauptverantwortlich für den nötigen Schwung in den Reimen.

Julian, 19
Ist wie alle drei kürzlich wegen der Band von Berlin nach Stuttgart gezogen. Er lernte Darko schon sehr früh auf einer Party kennen.

VERLIEBT	let's talk about sex

Erinnert ihr euch ans Erste Mal?

Julian: Klar. Ihre Eltern waren nicht da, wir beide wollten es unbedingt. Ich war total aufgeregt. Es war okay.

Nat: Ich hab damals gar nicht kapiert, dass es passiert ist. Es war nicht die Qual, es hat nicht weh getan.

Darko: Bei mir war es auf einer Klassenreise. Wir waren im Zimmer der Mädchen und im oberen Etagenbett, während alle anderen im Zimmer waren, hat sie mich „entjungfert". Es hat nur eine Minute gedauert oder so. Es war die Hölle. Ich hatte Angst, dass ein Lehrer reinkommt oder jemand etwas mitkriegt.

Sofi: Mein erstes Mal ist noch nicht gewesen. Wenn es passiert, passiert es.

Was fällt euch zum Thema Quickie ein?

Julian: Quick, gibt es da nicht dieses Getränk? Kann amüsant sein, geht schnell.

Darko: Da sollte man sich beeilen, oder? Aber nur mit der Freundin, es muss etwas Besonderes sein. Wenn es grenzenlos abgeht, kann man den Quickie ausleben.

Sofi: Finde ich nicht gut. Wenn Sex, dann langsam und gefühlvoll.

Nat: Kann lustig sein, wenn der Hormonhaushalt überkocht. Ist aber nicht mein Ding.

Tolga: Quickie hat mit Risiko zu tun. Kann überall passieren. Fotofixmaschine, Keller …

Was ist In und Out im Bett?

Sofi: Es sollte gar keine Tabus geben.

Nat: Ich bin da sehr beweglich. Was Spaß macht, ist erlaubt.

Julian: Angesagt ist schon mal: gewaschen sein. Alles andere ist Geschmackssache. Manche mögen es ja sogar behaart.

Tolga: Wenn man über den anderen so Bescheid weiß, dass es beiden Spaß macht, das ist in. Ich stehe auf Zärtlichkeit, Kuscheln, wenn es lange dauert. Ich bin keiner, der „Hoppeldihopp" macht. Sex ist nicht rein und raus.

Darko: Alles ist möglich, wenn es gefällt.

Sind Sex und Liebe dasselbe?

Darko: Sicherlich nicht! Es geht um Gefühl, Offenheit, Vertrauen. Oder es ist ganz klar abgesteckt, dass es nur Sex ist.

Julian: Männer wollen eher auch mal reinen Sex. Frauen sind da sensibler.

Nat: Ich glaube nicht, dass ich mit jemandem schlafen könnte, für den ich keine Gefühle habe. Ich brauche Feeling.

Tolga: Triebe und Liebe muss man trennen können. Wer triebgesteuert ist, lebt halt nur den Sex aus. Man kann ja auch nicht jeden Tag Currywurst essen.

Was macht euch an?

Nat: Flirten mit den Augen. Da fängt es bei mir an zu kribbeln.

Darko: Die Gesten einer Frau. Wie sie mit Menschen umgeht. Ich mag es, wenn ich jeden Tag um sie kämpfen muss, das reizt mich. Und ich mag es, wenn eine Frau etwas Geheimnisvolles hat.

Julian: Es geht mir nicht um tolles Aussehen. Das Äußerliche reicht ja nur für den ersten Blick.

Sofi: Romantik! Am besten im Urlaub: Strand, Sonnenuntergang, Soulmusik.

Ist das ein Thema: Ich bagger' mir einen Promi an?

Sofi: Wenn er fragt: „Möchtest du was trinken?", finde ich das nett. Wenn dann kommt: „Und, wie ist das als Star?" kann er gleich wieder gehen.

Tolga: Mir passiert es auch, dass mich ein Mädchen in der U-Bahn anspricht, uns einfach sagt, dass sie mich süß findet. Die raffen oft gar nicht, wer ich bin.

Julian: Auf jeden Fall. Du musst dich auf deine alten Freunde verlassen. Neue kannst du nur sehr schlecht einschätzen. Viele Mädchen sind echt gute Schauspielerinnen.

Darko: Meine Freundin hängt mir im Nacken, die haben also eh keine Chance. Wenn mich heute eine anspricht, merke ich: Für sie bin ich ein Star. Aber für mich ist das mein Leben.

Nat: Einige Typen möchten dich nur, weil sie einen Kontakt in die Musikbranche suchen.

Was ist Treue?

Nat: Absolute Monogamie.

Julian: Es gibt halt Menschen, die können nicht anders, die müssen fremdgehen. Dafür gibt es aber ja diese offenen Beziehungen. Das muss aber von Anfang an ehrlich gesagt werden und von beiden gewollt. Eine „Ganz nett und ciao-Frau" habe ich allerdings auch noch nie erlebt.

Sofi: Ich sehe das mittlerweile locker. Ein Ausrutscher kann mal passieren. Treue ist, zu wissen, zu wem man gehört. Wenn das in Kopf und Herz klar ist, bleibt man automatisch treu.

Tolga: Vertrauen bedeutet Treue. Man behandelt seinen Partner, wie man selber behandelt werden möchte. Wenn du mit ihr Gedanken und Träume teilst, verstehst du sie auch und weißt, ob sie treu ist oder nicht.

ZUSAMMENSEIN story

er ging mit einer schweigenden Anne zum Taxi. „Es tut mir wirklich Leid, dass ich dir nichts von meinen Australienplänen gesagt habe. Ich wollte da schon seit Jahren hin, aber das war, bevor ich dich kannte. Natürlich möchte ich lieber mit dir wegfahren." - „Liebst du mich überhaupt?" - „Sicher liebe ich dich. Mehr als alles auf der Welt." - „Wusste Tanja von deinen Reiseplänen? - „Ja, sie wusste davon." - „Und wie fand sie das?" - „Sie fand das okay. Müssen wir über Tanja reden?" - „Ja, vielleicht müssen wir das." - „Ich habe sie seit ihrem Auftritt im Café nicht mehr gesehen oder gesprochen. Ich denke nicht mehr an sie, und du solltest das auch nicht tun." - „Ich fühle mich manchmal schuldig ihr gegenüber. Sie kommt nicht mehr in den Stall, sie meidet alle Orte, an denen sie uns begegnen könnte. Ich glaube, wir haben ihr sehr wehgetan."

Ja, das hatten sie. Als Tanja sich mehr und mehr von ihm zurückzog, war er schon traurig gewesen. Aber gleichzeitig auch erleichtert. Alles war so perfekt, so harmonisch, so absehbar, und er wollte doch noch was erleben, bevor er sich für eine Frau entscheidet. Er guckte anderen Mädchen hinterher, flirtete hier und da – und es machte ihm Spaß. Und auch Tanja tat der Abstand bestimmt gut. Sie hatte ihre Interessen vernachlässigt, seit sie mit ihm zusammen war, und außerdem wollte sie immer öfter mit ihm allein zu Hause bleiben. Aber er wollte nicht immer nur auf dem Sofa kuscheln. Er wollte raus, die Welt sehen.

Und dann hatte Anne angefangen, sich um ihn zu bemühen. Anne war ihm immer unerreichbar erschienen, viel zu cool, viel zu erwachsen, und jetzt suchte sie seine Nähe, fragte ihn in langen Telefonaten aus über seine Beziehung zu Tanja und verabredete sich mit ihm zum Kaffeetrinken. Er wollte sich Tanja gegenüber nicht schäbig verhalten, aber heimlich begann er zu hoffen, dass sie von sich aus Schluss machen würde. Er war halt feige. Und an diesem schrecklichen Abend war er eigentlich mit ihr verabredet gewesen. Aber dann hatte Anne angerufen und gefragt, ob er Lust habe, mit ihr wegzugehen. Und er hatte Lust gehabt, mehr Lust, als sich mit Tanja zu treffen, und sicher war es nicht okay, dass er mit Anne gerade in das Café gegangen war, in dem Tanja manchmal kellnerte, aber das war ihm egal gewesen. Was sollte man denn machen, wenn man sich verliebt hatte? Und dann war Tanja aufgekreuzt, wie eine Furie, und sie hatte das ganze Café zusammengeschrien, richtig unflätig war sie geworden, und dann hatte sie ihm auch noch Rotwein über sein neues Hemd gekippt. Er hätte nie gedacht, dass so etwas wirklich passieren könnte, dass Frauen außerhalb von Fernsehserien so bescheuert wären. Er hatte in diese schreiende Fratze geblickt, und alle Sympathie für das Mädchen, mit dem er doch immerhin ein Jahr zusammengewesen war, verflüchtigte sich in diesem Moment. Nein, mit dieser Hexe wollte er nicht mal befreundet bleiben. Und vor Anne hatte sie ihn auch noch bloßgestellt.

Komischerweise fand Anne diese Szene gar nicht so schlimm. Sie hatte danach auch noch versucht, mit Tanja zu <u>reden, aber das hatte scheinbar nicht geklappt.</u>

story

Mädchen eben. Am selben Abend küsste er Anne jedenfalls zum ersten Mal. Und abgesehen von dem Stress, den sie ihm manchmal bereitete, war er sehr glücklich mit ihr. Und jetzt bat Anne ihn, noch mit zu ihr zu kommen. Gott sei Dank, die Gewitterwolken um ihre Stirn hatten sich verzogen. Die Mutter war noch auf. Nun hieß es erst mal einen guten Eindruck machen, bevor er endlich mit seiner Freundin allein sein konnte. Und um ein Uhr musste er das Haus verlassen, das war hier ungeschriebenes Gesetz, kein Herrenbesuch über Nacht.

Es fiel ihm ziemlich schwer, sich auf ein Gespräch über die Picasso-Ausstellung zu konzentrieren. Diese Mutter nervte ihn. Nie war sie entspannt und einfach freundlich, immer musste „anspruchsvoll" geredet werden, auf einem angemessenen „Niveau". Und lachen konnte die gar nicht. Kein Wunder, dass Anne manchmal so humorlos war. Aber vielleicht hatten die zwei auch nicht viel zu lachen. Annes Vater war vor zwei Jahren

ausgezogen, und seitdem hing die Mutter wie eine Klette an ihrer Tochter.

Nach einer endlosen halben Stunde verabschiedeten sie sich und gingen nach oben in Annes Zimmer. Jetzt. Endlich. Er zog seine Jacke aus, als sie ihn zum Bett zog. Da fiel ein Briefumschlag aus der Tasche. Der Briefumschlag von Tanja.

„Was ist denn das?", fragte Anne. Das hatte er nun davon. Gleich würde ein Unwetter über ihm niedergehen, wie er es noch nicht erlebt hatte. „Das hing heute an meiner Vespa. Ich befürchte, es ist von Tanja. Ich hab's nicht aufgemacht." - „Aber weggeworfen hast du es auch nicht." Der Ton in ihrer Stimme verhieß nichts Gutes. „Bist du deswegen zu spät gekommen?" - „Ja. Es tut mir Leid." Da brüllte Anne. Waren diese Weiber nicht in der Lage, ihre Probleme auch mal anders auszutragen? Er konnte schließlich nichts dafür. Und wie hässlich die wurden, wenn sie so keiften. Ob ihnen das schon mal jemand gesagt hatte? Anne brüllte, dass er sie angelogen habe, ein feiges Arschloch sei, das ihr Vertrauen missbrauchte, und doch zurückgehen solle zu der kleinen Zicke, wenn sie ihm im Bett nicht reichte. Er hatte wirklich genug. Warum mussten die eigentlich immer obszön werden?

Er griff nach seiner Jacke. „Ich gehe jetzt wohl besser." - „Du bleibst. Du machst jetzt hier den Umschlag auf!" Das war ja wie bei der spanischen Inquisition. Er öffnete den Briefumschlag. Zwei Theaterkarten lagen darin, für „Kabale und Liebe" von Friedrich Schiller, in einer Woche. Und ein Zettel, der nach Tanja duftete. „Wusstest du, was du mir warst? Du wusstest nicht, dass du mir alles warst." Na super.

Anne schickte ihm noch ein „Verpiss dich bloß!" hinterher, bevor sie die Haustür zuknallte. Er ging zu seiner Vespa. Er wollte nur noch seine Ruhe, ein kaltes Bier und ein Gespräch unter Männern. Er fuhr zurück ins „Dizzy's", hoffentlich war Michael noch da, irgendjemand musste sich diesen Alptraum anhören, in den er reingeraten war.

Michael war noch in der Kneipe. Er knutschte am Tresen mit einem rothaarigen Mädchen. Heute ging aber auch wirklich alles schief…

▶ S.118

| ZUSAMMENSEIN | liebe und respekt |

[wenn die anderen wichtiger sind]

_Eigentlich haben wir eine gute Beziehung. Aber wenn Moritz seine Freunde trifft, ist er wie ausgewechselt. Dann bin ich für ihn plötzlich nur noch die Nummer zwei – und das tut weh.
Jasmin, 18

_Ein lässiges „Hi!", eine flüchtiger Kuss irgendwo zwischen Kinn und Ohrläppchen ... Das war alles, was er zur Begrüßung für sie übrig hatte, bevor er wieder in Richtung seiner Kumpels verschwand. Und sie? Lächelte mühsam, schluckte die Tränen herunter, versuchte sich nichts anmerken zu lassen. Wie durch Watte sah sie ihn dort hinten stehen – mit seinen Freunden, in dieser anderen Welt, zu der sie keinen Zugang hatte ...

du liebst deinen Freund – und hoffst, dass es ihm genauso geht. Dass du ihm wirklich wichtig bist. Aber manchmal nagt der Zweifel an dir. Dann hast du plötzlich das Gefühl, dass ihm die anderen mehr bedeuten als du. Dass du für ihn nur Lückenbüßer bist. Oder Vorzeigeobjekt. Oder, oder ... Du fühlst dich ausgeschlossen, bist traurig, fragst dich: „Was haben seine Freunde, was ich nicht habe?"

Eifersucht, oder was?

„Ich fühlte mich immer überflüssig, wenn Harry mit seinen Freunden zusammen war", erzählt Moni, 21. Irgendwann hielt sie es nicht mehr aus. Sie trennte sich von Harry – und erlebte in ihrer nächsten Beziehung genau das Gleiche. „Da dämmerte mir langsam, dass es womöglich gar nicht an den Jungs lag, sondern an mir – an meiner Sicht der Dinge", sagt Moni. Leicht fiel ihr diese Erkenntnis nicht. Aber sie nahm ihren Mut zusammen, setzte sich

kritisch mit sich selbst und mit ihren Erwartungen auseinander –
und stellte fest: „Ich wollte immer, dass sich das Leben meines
Freundes ausschließlich um mich dreht – und war enttäuscht,
wenn er neben mir auch noch seine Kumpels behalten wollte."
Wer so denkt wie Moni, macht sich das Leben schwer. Denn du als
Mädchen kannst deinem Freund niemals seine Freunde ersetzen –
und das sollst du auch gar nicht.

INFO

Die Sache mit der Achtung

So verrückt es klingt: Wenn dein Freund wirklich dir zuliebe seine
Clique aufgeben würde, nur noch für dich da wäre, dir jeden Wunsch
von den Augen ablesen würde – dann würde etwas passieren, womit
du vielleicht gar nicht rechnest: Du würdest die Achtung vor ihm verlieren!
Denn wer will schon einen Ja-Sager, der keine anderen
Interessen mehr hat?

Das gilt übrigens auch für Mädchen. „Wenn meine Freundin öfter
ohne mich unterwegs ist, bleibt sie für mich interessant", erklärt Olli,
22, Botschafter für ALL ABOUT ADAM. „Ich stelle mir dann vor, dass
sie anderen Typen begegnet, denen sie auch gefällt, bin ein bisschen
eifersüchtig – und genau das ist es, was ich brauche, damit es für
mich nicht langweilig wird."

Die Story von
Olli findest du
auf S. 88

ZUSAMMENSEIN liebe und respekt

Jungs sind anders ...

Dass dein Freund seine Freunde braucht, hat überhaupt nichts mit dir zu tun. Die meisten Klischees rund um Jungen und Mädchen sind nämlich wahr: Tatsächlich ist es für die meisten Jungs anstrengend, über Gefühlsdinge zu sprechen. Tatsächlich fällt ihnen für (fast) jedes Problem schnell die vermeintlich passende Lösung ein, und tatsächlich ist ihnen oft nicht klar, weshalb Mädchen dieses Problem trotzdem noch stundenlang diskutieren wollen. Jungs lieben es, die Dinge anzupacken, zu handeln, aktiv zu sein. Und im Gegensatz zu den meisten Mädchen müssen sie nicht alles, was sie tun, vorher, währenddessen und danach kommentieren ...
Zwei weitere Klischees, die voll zutreffen: Die meisten Jungs brauchen etwa eine Minute für ein Telefonat, das bei Mädchen ungefähr eine Stunde dauern würde. Und wenn sie sich doch einmal länger unterhalten, dann über Dinge, die viele Mädchen langweilig finden – zum Beispiel über Computer, Fußball oder Autos.

Manpower

Kamen dir einige Beispiele bekannt vor? Sie sollten deutlich machen, weshalb und wofür dein Freund seine Freunde braucht: Sie sind ihm sehr ähnlich – und deshalb kann er, wenn er mit ihnen zusammen ist, wie in einem Spiegel vieles von sich selbst erkennen. Gemeinsam mit seinen Freunden testet er seine Grenzen aus, entwickelt seine Persönlichkeit – und seine Männlichkeit. Die Jungs geben sich gegenseitig Halt und Stütze, sind füreinander da – wenn auch auf andere Art, als du es von dir und deinen Freundinnen kennst.
Wenn dein Freund also viel Zeit mit seinen Freunden verbringt, dann ist das die normalste Sache der Welt – die du nicht persönlich nehmen solltest.

Freiheit muss sein

„Für mich ist es sehr wichtig, dass meine Freundin mir meine Freiheit lässt – und dazu gehören natürlich auch meine Freunde", sagt Olli. „Meine Exfreundin hat total geklammert, mir ständig Vorwürfe gemacht, wenn ich was mit meinen Freunden unternommen habe."

Olli war schwer genervt – und so geht es den meisten Jungs, wenn ihre Freundinnen sie nur für sich allein haben wollen.

Eigentlich hast du übrigens gar kein Recht, nachträglich an deinem Freund herumzumäkeln. Denn mit der Entscheidung für ihn hast du automatisch auch seine Freunde akzeptiert – und seine Hobbys und alles andere, was zu ihm gehört. Es kommt nicht gut, wenn du ihn plötzlich umkrempeln willst: Viele Jungs haben dann nämlich das Gefühl, beeinflusst und unter Druck gesetzt zu werden – und das ist eine ziemlich sichere Methode, deinen Freund schnell wieder loszuwerden!

INFO

Wann du Klartext reden solltest

Verständnis ist wichtig – aber bitte nicht auf deine Kosten! Manchen Jungs ist es peinlich, vor ihren Freunden Gefühle zu zeigen. Deshalb solltest du in der Öffentlichkeit keine überschwänglichen Liebesbekundungen erwarten. Was du aber erwarten kannst, ist eine faire Behandlung. Wenn dein Freund dich in seiner Clique zum Beispiel links liegen lässt, womöglich sogar Witze über dich macht oder deine Geheimnisse herumerzählt, musst du dich wehren. Sprich ihn darauf an, sobald ihr wieder alleine seid, und sag ihm direkt, wie unfair du sein Verhalten findest und dass es dich verletzt hat. Vielleicht war ihm das gar nicht bewusst.

Keiner nimmt dir was weg ...

Seine Freunde und du – ihr seid die wichtigsten Menschen für deinen Freund. Die Kumpels geben ihm das, was er nur von Jungs bekommen kann. Und du gibst ihm das, was nur du ihm geben kannst: deine Liebe, deine Wärme, deine Achtung – und deine Anerkennung, die auch seinen Freunden gilt ...

ZUSAMMENSEIN | botschafter

„IMMER DIE ANDEREN ..."
ICH, MIKE-LEE, 20

_Sie sitzt auf dem Sofa und schaut mich vorwurfsvoll an. „Wo bist du gewesen?" Ich sage nichts. Was soll ich auch sagen? Alles, was jetzt kommt, ist ein Film. Unser Film, den wir schon hundertmal, tausendmal gespielt haben. Egal, was ich jetzt antworte, ihr nächster Satz wird sein: „... und ich sitze den ganzen Abend hier allein und warte!" Was natürlich richtig ist. Wie jeden Abend.

1999. Vor ein paar Monaten sind wir von Hamburg in ein Dörpen bei Frankfurt gezogen. Ich spiele Fußball, und ein neuer Verein hat mich unter Vertrag genommen. Von der Jugend-Liga St. Pauli rüber zur Amateur-Liga. Auch wenn's noch ein kleiner Verein in der Peripherie der Mainmetropole ist. Yasmin hat sofort gesagt: „Ich komme mit dir!", und das hat mich total gefreut.

Mit Yasmin war ich damals seit drei Jahren zusammen. Es gab Ups und Downs, vor Frankfurt gerade der Downdown:
Da hatte sie sich das erste Mal von mir getrennt. Der Grund war klassisch: auseinander gelebt, klingt blöd, ich weiß. Ich habe gelitten wie ein Köter, mein Leben ein Desaster.
Bis sie zurückkam.

Yasmin war meine ganz große Liebe. Wir haben uns kennen gelernt, da war ich 16 und sie 17. Sie sah mich in einem Café, wo sie arbeitete, und ein gemeinsamer Freund verkuppelte uns. Als ich für ein Jahr auf ein Sport-College nach London ging, hat sie auf mich gewartet. Heimweh und die Liebe brachten mich zurück nach Hamburg, und so war ich froh, dass sie mich diesmal nicht allein nach Frankfurt gehen lassen wollte.

Zusammenziehen. Die erste gemeinsame Wohnung, nur klein, zwei Zimmer, aber Yasmin kaufte Ikea leer. Ihr Stil ist nicht so richtig meiner, sehr modern, sehr viel Design (ich selber mag's gern wohnlich, gemütlich), aber das macht nichts. Es ist unser Heim, unsere erste absolute Gemeinsamkeit, und die erste Zeit mit ihr ist ein Traum.

Im Nachhinein weiß man ja immer, was man hätte besser machen sollen. Heute, ein halbes Jahr später, weiß ich: Ich hätte handeln müssen! Aber wer sieht schon den Wald vor lauter Bäumen ...
In der Amateur-Liga ist es normal, dass man abends nach dem Training mit den anderen noch einen trinken geht. Männergespräche, völlig nichtig, völlig unspektakulär, aber sie gehören dazu. Sind ein Muss. Yasmin fühlte sich von Anfang an nicht richtig wohl in Obertshausen. Sie fand kaum Anschluss in der kleinen Stadt, und ihr Praktikum im Büro, das sie für ihr Fach-Abi brauchte, verlief auch weniger gut, als sie erwartet hatte. Yasmin begann, an mir rumzunörgeln. „Lass deine Sachen nicht liegen!", „Kannst du nicht auch mal den Abwasch machen!", und am meisten störte sie, wenn ich mit meinen Kollegen und Freunden unterwegs war: „Nie bist du zu Hause!" Druck erzeugt Gegendruck, und je mehr sie quengelte, je heftiger sie verlangte, dass ich bei ihr daheim bliebe, desto öfter ging ich fort. Ließ sie allein. Fasching verbrachte ich sogar die ganze Nacht mit den Jungs, zog fröhlich feiernd um die Häuser und war erst um zehn Uhr morgens daheim.

Heute gebe ich zu: Mein Fehler war, dass ich nicht richtig auf sie eingegangen bin. Dass ich mich drückte, statt die Alarmsignale zu beachten. Aber wieso verlangte sie von mir, dass ich mich genauso abkapselte wie sie? Das Zusammensein mit den anderen, mit meinem Team war wichtig für meinen Job. Das wusste sie. Vielleicht hätte ich es Yasmin besser erklären müssen, sie öfter mit einbinden können. Vielleicht hätte ich an diesem Nachmittag auf der Couch ganz lange mit ihr reden sollen. Und vielleicht wäre sie dann nicht gegangen. Diesmal für immer ...

Mike-Lee ist gerade 20 geworden, macht per Fernstudium sein Abitur und verdient sein Geld als Fußballer.

INFO

ZUSAMMENSEIN | schwangerschaft

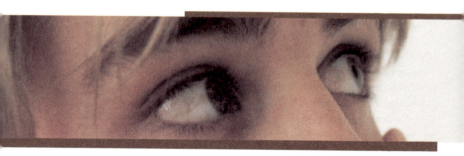

[schwanger?]

_Lisa lag auf dem Rücken, die Hände über dem Bauch verschränkt. Der Bauch fühlte sich an wie immer. Klar, viel konnte da noch nicht gewachsen sein ...

Wenn überhaupt etwas wachsen würde ... Ihre Gedanken wanderten zurück zum letzten Samstag – zu dem Abend mit Christoph. Sie hatten bis tief in die Nacht getanzt, geredet, gelacht ... Als sie dann im Bett lagen, war es auf einmal da gewesen: dieses unwiderstehliche Verlangen, ihn ganz direkt und hautnah zu spüren. Ohne Kondom. Ohne an mögliche Folgen zu denken ... „Am schlimmsten war diese Ungewissheit. Ich habe mit niemandem darüber gesprochen, nicht einmal mit Frank. Ich hatte Angst vor der Zukunft – davor, dass nichts mehr so bleibt, wie es war ... Und ich hatte Angst vor Franks Reaktion."
Lisa, 16

Die Frage, die über dein zukünftiges Leben entscheidet. Deine Gefühle fahren Achterbahn, und du weißt nicht, was stärker ist: die Angst oder die Hoffnung, die Hilflosigkeit oder die Wut – auf den Jungen, dem du das zu verdanken hast, auf dich selbst, auf den Rest der Welt ...

Irgendwann einmal geht es vielleicht auch dir so: Du befürchtest, schwanger zu sein. Gleichzeitig hoffst du es. Du rufst alle Apotheken in der Umgebung an, weil dir irgendwer von einem Schwangerschaftstest erzählt hat, der schon vor Ausbleiben deiner Tage ein sicheres Ergebnis bringen soll. Alle deine Gedanken kreisen nur um diese eine Frage ...

Eines vorweg: Wir wollen hier nur schildern, welche Gefühle ausgelöst werden. Beschreiben, wie es einem Jungen und einem Mädchen geht, die plötzlich der Wahrscheinlichkeit ins Auge sehen müssen, dass sie Eltern werden.

Wir wollen hier nicht über die verschiedenen Möglichkeiten reden, die es heute gibt, um das Problem zu lösen. Das könnten wir auch gar nicht – dafür gibt es Beratungsstellen mit ausgebildeten Leuten!

INFO

Schwanger oder nicht?

Wenn du nicht weißt, ob du schwanger bist, bleibt dir erst mal nichts anderes übrig, als zu warten. Die meisten Tests weisen das Schwangerschaftshormon hCG frühestens an dem Tag nach, an dem du normalerweise deine Tage bekommen würdest. Es gibt zwar auch Tests, die du schon vor dem Ausbleiben der Periode anwenden kannst – aber ihre Zuverlässigkeit ist umstritten. Du kannst den Schwangerschaftstest vom Frauenarzt machen lassen oder ihn selbst durchführen. Fast alle Tests funktionieren nach dem gleichen Prinzip: Ein Teststreifen wird in den Urinstrahl gehalten. Nach wenigen Minuten zeigt ein Kontrollfeld an, ob du schwanger bist oder nicht. In Deutschland gibt es die Tests in Apotheken und Drogeriemärkten, in der Schweiz bekommt man sie auch in Supermärkten. In Österreich dürfen die Tests nur in Apotheken verkauft werden. Natürlich kannst du Schwangerschaftstests auch übers Internet bestellen.

ZUSAMMENSEIN schwangerschaft

Wie konnte das passieren?

Petra weiß, wie man sich in dieser Phase der Ungewissheit fühlt. „Als ich meine Tage nicht pünktlich bekommen habe, fiel mir der eine Abend mit Stefan wieder ein", erzählt die 19-jährige Abiturientin. „Ich hatte ihn gestreichelt und verwöhnt – und als er zum Höhepunkt kam, habe ich die Samenflüssigkeit auf meinen Oberschenkeln gespürt. Konnte es sein, dass ich dabei schwanger geworden war?"

Möglich ist alles. Es gibt viele Geschichten von Mädchen und Frauen, die beim Petting schwanger wurden. In anderen Fällen ist das Kondom gerissen, das Pessar verrutscht – und sogar wer die Pille nimmt, kann schwanger werden. Sicher ist nur eins: dass es keine hundertprozentige Sicherheit gibt.

Bei Petra war es falscher Alarm. „Ich habe meine Tage mit einer Woche Verspätung bekommen", sagt sie. „Zum Glück! Sieben Tage sind ja eigentlich nicht lang. Aber sieben Tage mit dieser Angst dauern ewig."

Angst

Es ist nicht nur die Angst vor der Schwangerschaft, vor dem Mutterwerden. Erst einmal ist es die Angst davor, mit jemandem darüber zu sprechen. Sich zu öffnen und verletzlich zu machen.

Es ist sehr wichtig, genau zu überlegen, wem du dich anvertrauen willst. Du brauchst jetzt Verständnis, Unterstützung, Zeit und Raum für deine Gefühle. Vielleicht hast du eine oder mehrere Freundinnen, die wirklich für dich da sind. Zusätzlich oder stattdessen kannst du dich auch an eine Schwangerschafts-Beratungsstelle wenden.

Ob und wann du deinen Eltern etwas erzählen willst, hängt von eurem Verhältnis ab. Denk daran, dass es jetzt im Moment um dich geht und nicht um sie.

Einen Menschen gibt es allerdings, der auf jeden Fall ein Recht darauf hat, von deiner Sorge zu wissen: der potenzielle Vater ...

Wer hilft den Jungen, mit ihren Gefühlen fertig zu werden?

Wenn Jungs Väter werden …

Ziellos streifte er durch die Straßen. Seltsam: Plötzlich sah er überall schwangere Frauen, Mütter mit Kinderwagen, Väter mit Kleinkindern … Auf einmal war alles anders. Seit zwei Stunden wusste er, dass er Vater wurde. Wahrscheinlich. Ihm schwirrten lauter Schlagworte durch den Kopf: Den Tatsachen ins Auge blicken. Die Verantwortung übernehmen. Seine Freiheit opfern. Sicherheit bieten. Ein spießiger Familienvater werden. Oh Mann!

Für schwangere Mädchen gibt es unzählige Beratungsstellen. Aber wer kümmert sich eigentlich um die Jungs? Wer beantwortet ihre Fragen? Wer stärkt ihnen den Rücken? Wer hilft ihnen, mit ihren Gefühlen klarzukommen?
„Klar habe ich nicht nur 'Juhu!' geschrien, als mir meine Freundin erzählt hat, dass sie wahrscheinlich schwanger ist", berichtet Jochen, 21, Kfz-Mechaniker. „Wir wohnen in einem Kaff mit 7.000 Einwohnern. Wenn hier eine schwanger wird, erwarten doch alle, dass man sofort heiratet. Aber dazu war ich noch nicht bereit."

ZUSAMMENSEIN schwangerschaft

INFO

Jetzt schon ein Kind?

Du bist schwanger und möchtest das Kind nicht haben? Bitte keine Panik! Informier dich in einer Schwangerschafts-Beratungsstelle über die verschiedenen Möglichkeiten, die du hast – von der Abtreibung bis hin zur Freigabe zur Adoption.

Ein Schwangerschaftsabbruch ist in Deutschland nur nach einer ausführlichen Beratung erlaubt. In der Schweiz darf eine Abtreibung nur dann durchgeführt werden, wenn die Schwangere ernsthaft gefährdet ist. In Österreich besteht bis zur zwölften Schwangerschaftswoche keine Beratungspflicht, aber Minderjährige benötigen für eine Abtreibung die Zustimmung ihrer Erziehungsberechtigten.

Wenn du einen Schwangerschaftsabbruch vornehmen lassen willst, solltest du voll und ganz hinter deiner Entscheidung stehen. Das ist wichtig, damit du den Eingriff auch psychisch gut verkraftest. In der Beratungsstelle hilft man dir herauszufinden, was du wirklich willst.

Macht & Co

Wenn du befürchtest, schwanger zu sein, fühlst du dich wahrscheinlich erst einmal als Opfer. Du wünschst dir, dass dein Freund dich in den Arm nimmt, dich tröstet und aufbaut.

Doch für viele Jungs hat eine ungeplante Schwangerschaft den Beigeschmack von Manipulation und Machtausübung. „Mein erster Gedanke war: Das hat sie absichtlich so eingefädelt", erzählt Martin, 22, Student. „In diesem Punkt sind wir den Frauen doch total ausgeliefert: Wenn sie es drauf anlegen, dann werden sie eben schwanger. Ich kann schließlich nicht kontrollieren, ob meine Freundin jeden Tag die Pille nimmt!"

Victor, 26, ergänzt: „Klar gehören zum Schwangerwerden zwei, aber die Macht hat doch die Frau. Wer garantiert dem Mann denn, dass das Kind auch wirklich von ihm ist?" Victor weiß, wovon er spricht. Er war sechs Jahre mit seiner Freundin zusammen, als sie schwanger wurde. Ihr zuliebe zog er von Köln in ihre schwäbische Heimatstadt, tauschte seinen Job als Produktmanager gegen einen Sachbearbeiterposten. Womit er nie gerechnet hätte: Kurz vor der Geburt verließ seine Freundin ihn und zog zu einem Schulfreund – dem Vater des Kindes, wie Victor jetzt erfuhr.

„Ich dachte erst, ich überstehe es nicht", berichtet Victor. „Es ist ja nicht nur der Trennungsschmerz, sondern auch noch dieses erniedrigende Gefühl, belogen und ausgenutzt worden zu sein ..." Inzwischen hat Victor die Krise überwunden. Er lebt wieder in Köln, hat einen interessanten Job – und eine neue Freundin. „Aber es hat über zwei Jahre gedauert, bis ich mich wieder auf eine neue Beziehung einlassen konnte", sagt er.

Arme Jungs?
Natürlich sind Jungs nicht immer Opfer. Die Story vom kaltblütigen Macho, der das unschuldige Mädchen erst verführt, dann schwängert und schließlich sitzen lässt, kennt doch jeder. Leider ist sie manchmal auch wahr. Wir wollten hier die andere Seite beleuchten. Verständnis für die Reaktionen der Jungs wecken – und dir hoffentlich helfen, deinen Freund besser zu verstehen, wenn du ihm einmal etwas Wichtiges mitzuteilen hast ...

Schwanger – was tun?
In Deutschland werden jedes Jahr etwa 4.500 bis 5.000 minderjährige Mädchen Mütter. Dazu kommen die vielen jungen Frauen über 18, die sich der Mutterrolle noch nicht gewachsen fühlen. Unterstützung und praktische Hilfe bieten tausende von Schwangerschafts-Beratungsstellen. Welche Beratungsstellen es in deiner Nähe gibt, erfährst du bei der Stadt- oder Gemeindeverwaltung, bei Familienberatungs-Organisationen und bei der Caritas.

Deutschland: Pro Familia: 069 / 63 90 02, **www.profamilia.de**
Caritas: 0761 / 20 00, **www.caritas.de**
Österreich: Familienberatung in Österreich: 0800/24 02 62,
www.bmsg.gv.at
Caritas: 01 / 587 15 77, **www.caritas-austria.at**
Schweiz: Hilfs- und Beratungsstelle „Schwanger, ratlos – wir helfen":
031 / 961 27 27, **www.schwanger-wir-helfen.ch**
Caritas: 041 / 419 22 22, **www.caritas.ch**

ZUSAMMENSEIN — botschafter

„BEINAHE ELTERN"
ICH, JOHANNES, 20

_Damals ging alles so wahnsinnig schnell. Wir hatten miteinander geschlafen und plötzlich kam schon die Angst. Dieser Horror davor, sie könnte schwanger werden.

Claudia war ganz aufgeregt, das etwas passiert sein könnte. Wir zogen uns fast sofort danach an. So direkt nach dem Sex loszueilen, war schrecklich. Meinen Eltern erzählten wir irgendetwas von einem gerissenen Gummi ... Denn die haben sich natürlich gewundert, dass wir nachts noch mal los wollten.
Wir forderten das Glück heraus.

Dieses Mal hatten wir miteinander geschlafen, ohne zu verhüten. Irgendwie war das schon ein besonderer Reiz, Sex ohne diese blöden Gummis zu haben. Und manchmal hatte ich es echt satt, mich kontrollieren zu müssen. Auch wenn das ganz schön bescheuert von uns war. Mitten in der Nacht fuhr ich dann mit Claudia los, Richtung Krankenhaus.
Wir nahmen die U-Bahn, das dauerte ewig, denn wir mussten einmal quer durch die Stadt. In der Klinik mussten wir auch noch mal lange warten.
Ich glaube, es waren fast zwei Stunden, bis eine Ärztin zu uns kam.

Diese Wartezeit war schrecklich. Da ging uns alles, was auf uns zukommen könnte, durch den Kopf. Als wir in diesem langen, kahlen Krankenhausflur saßen, sprach ich mit Claudia auch über Abtreibung.

Für uns beide war damals vor vier Jahren klar, dass wir das zur Not durchgezogen hätten. Obwohl so ein Abbruch sicher alles zwischen uns zerstört hätte. Die Leichtigkeit, die wir in unserer Beziehung lebten, wäre daran zerbrochen. Die „Pille danach" war da bestimmt die bessere Alternative. Als die Ärztin dann kam, erzählten wir ihr, dass uns das Gummi gerissen war. Wir bekamen von ihr auch sofort das Rezept für die „Pille danach" verschrieben. Sie hat uns ausführlich beraten, was bei Claudia im Körper passieren wird. Aber das war ja erst der Anfang einer weiteren, langen Reise. Wir fuhren wieder mit der U-Bahn ins Zentrum zum Jungfernstieg, um dort in der Nachtapotheke die Pille zu kaufen. Was wir nicht wussten: Ausgerechnet dieses Medikament war ausverkauft. Also stiegen wir wieder in die Metro, um zur nächsten Apotheke zu kommen. Wir waren todmüde und mit den Nerven runter. Wenn ich heute an diese Odyssee zurückdenke, erinnere ich mich auch daran, wie mies ich mich gefühlt habe. Weil ich Claudia kaum helfen konnte. Das Schlimmste war, dass sie so fertig war, denn sie hatte Angst. Davor, schwanger zu werden. Aber auch davor, was passieren würde, wenn sie diese Pille schlucken würde. Ich war da eher klar im Kopf. Und mehr als ihr beizustehen, konnte ich ihr ja leider nicht: Für sie da sein, okay, aber das war auch alles, was ich tun konnte. Für mich war das alles leichter, denn es war ja nicht mein Körper, und ich musste die Pille auch nicht einwerfen. In der zweiten Apotheke bekamen wir dann endlich die „48-Stunden-Pille". Zurück in der Wohnung meiner Eltern nahm Claudia die Pille.

Infos zum
Thema
Verhütung
auf S. 82

Zum Glück hatte sie überhaupt keine Nebenwirkungen gespürt. Ich glaube, wir hatten wirklich unheimliches Glück ... Ich wollte auf gar keinen Fall schon Vater werden, das kann ich mir frühestens in zehn Jahren vorstellen. Dann bin ich 30, das wäre ein gutes Alter! Zum Glück dachte Claudia damals genauso wie ich.

Johannes möchte einmal Schauspieler oder MTV-Moderator werden. Sein Vater ist Regisseur und Jo hat schon in einigen seiner TV-Filme mitgespielt.

ZUSAMMENSEIN eltern

[mischt euch nicht ein!]

_Du bist verliebt. Du bist verabredet. Heute Nacht willst du bei ihm schlafen. Du könntest singend und kreischend die Straße entlanghüpfen. Und dann sagt deine Mutter: „Kommt überhaupt nicht in Frage. Außerdem passt er nicht zu dir."

das kann nicht wahr sein, denkst du. Deine Eltern können dich einfach nicht in Ruhe lassen. Okay, sie sind deine Eltern, sie haben dich behütet, bepflastert, getröstet und auf dich aufgepasst. Aber jetzt, verdammt noch mal, sollen sie dich in Ruhe lassen. Du bist verliebt! Und natürlich passt er zu dir. Wenn er nicht zu dir passen würde, wärst du nicht verliebt. Oder?

Eltern neigen dazu, sich ständig einzumischen, na klar, denn sie kennen dich und das Leben ja ihrer Meinung nach am besten. Glauben sie. Manchmal stimmt es auch. Und, na klar, sie wollen nur das Beste für dich. Aber oft genug ist das Beste aus ihrer Sicht nicht das, was du für das Beste hältst. Die blue4you-Diplompsychologin Maike Carrels weiß: „Es kann zwei verschiedene Gründe dafür geben, dass Eltern sich einmischen. Einmal tragen sie ja nach wie vor die Verantwortung. Und so komisch das klingt: Sie haben was davon. Nämlich Einfluss. Oder aber sie betrachten ihr Kind als selbstständigen Menschen und wollen einfach, dass es

Wichtig ist für dich, herauszufinden, warum deine Eltern dir Dinge vorschreiben wollen, die du dir einfach nicht mehr vorschreiben lassen willst. Warum sie dir erzählen, dein Freund passe nicht zu dir. Mögen sie deinen Freund vielleicht nicht? Passt ihnen sozusagen seine Nase nicht? Ist es ihnen egal, wie du zu ihm stehst – ihrer Meinung nach hat dieser Junge in deinem Leben nichts zu suchen. Oder kannst du dir vorstellen, dass deine Eltern dich so gut kennen, dass sie wirklich einen guten Grund haben zu glauben, er passe nicht zu dir?

Letzteres ist zwar nervig, aber der bessere Fall für
dich. Denn dann akzeptieren dich deine Eltern
durchaus als eigenständige Persönlichkeit und wollen wirklich das Beste für dich. Wenn Kinder
erwachsen werden, anfangen, eigene Wege zu gehen
– die nicht immer die Wege sind, die Eltern sich
wünschen – ist das für beide eine anstrengende
Zeit. Eltern müssen ihren Kindern mehr
Verantwortung für ihr Leben überlassen und können im besten Fall noch mit ihren Kindern darüber
reden. Und Kinder – oder Jugendliche – müssen
sich gegen ihre Eltern auflehnen, ihren eigenen Weg
finden. Und das ist nicht immer einfach.

Unsere Psychologin Maike Carrels: „Eltern sollten ihre Kinder
Fehler machen lassen. Sonst können sie nicht erwachsen und ver-
antwortungsbewusst werden. Wenn sie vermeintliche Fehler verhindern, kann ihr Kind nicht daran reifen und vor allem nicht daraus
lernen. Außerdem wird es sich abschotten und nichts mehr erzählen – aus Angst, wieder etwas verboten zu bekommen." Denn sich
abzunabeln und eigene Entscheidungen zu treffen, das muss sein.
Und das wird auch passieren, egal, wie quer sich Eltern stellen. Am
besten ist es, wenn du mit deinen Eltern redest. Immer wieder.
Damit sie das Gefühl haben, dass du ihnen nicht entgleitest. Damit
sie wissen, mit wem du deine Zeit verbringst, damit sie sich keine
Sorgen machen.

Warum mischen sich deine Eltern überhaupt ein?

Warum können sie dich nicht in Ruhe lassen? Noch einmal: Sie
haben einfach Angst davor, keinen Einfluss mehr auf dich und
deine Entwicklung zu haben. Angst davor, dass du etwas tust, was
nicht gut für dich ist. Aber wenn du sie teilhaben lässt an dem, was
du denkst und was du fühlst, wenn du sie teilhaben lässt an deinen
Erlebnissen, Ängsten und Freuden, dann kann es gut sein, dass sie
sich nicht mehr einmischen, sondern – Anteil nehmen. Und natürlich auch mal ihre Meinung sagen. Das ist etwas völlig anderes. Du
wirst es auch völlig anders empfinden.
Eltern haben manchmal auch einfach Probleme damit, wenn ihre
Kinder anfangen, eigene Wege zu gehen, eigene Entscheidungen zu
treffen und diese auch umzusetzen. Sie mögen ungern akzeptieren,
dass du erwachsen wirst, dass du sie nicht mehr so brauchst.

| ZUSAMMENSEIN | männer-standpunkte |

„Frauen sind unzuverlässig. Man kann sich auf ein Mädchen ungefähr genau so verlassen wie auf den Wetterbericht."
Freddy Prince jr., Schauspieler

„Kein kluger Junge widerspricht einem Mädchen. Er wartet, bis sie es selber tut."
Will Smith, Schauspieler

„Alles, was man über Frauen sagt, klingt irgendwie böse." Sean Penn, Schauspieler

„Während der Beziehung denkst du nur an andere Mädchen. Erst wenn sie weg ist, findest du sie einmalig. Das ist so mit Frauen. Was hilft: Red dir ein, sie hätte einen fetten Arsch gehabt."
Benjamin von Stuckrad-Barre, TAFKAP (the author formerly known as Popliterat)

„Die Ehe ist der einzige Kampfsport, bei dem die Gegner miteinander ins Bett gehen."
David Beckham, Fußballstar

„Ich glaube an Liebe auf den ersten Blick. Es ist mir doch selber schon ein paar Mal passiert. Es gibt eben zu viele nette Mädchen."
Leonardo di Caprio, Schauspieler

„Mädchen sind manchmal so kompliziert. Ich finde es schrecklich, wenn du mit einem Mädchen ausgehst, und sie isst ihren Hamburger oder ihre Pizza mit Messer und Gabel. Das ist doch wohl das Einfachste auf der Welt: In die Hand nehmen und überall bekleckern, so geht das!"

Jon, Sänger bei S Club 7

Mädchen haben eine unglaubliche Fähigkeit: Sie können gleichzeitig sensibel und stark sein. Das liebe ich an ihnen."
Ricky Martin, Latino-Sänger

„Ich finde, die Mädchen sind heute nicht mehr romantisch genug. Es gibt nichts Poetischeres als einen handgeschriebenen Liebesbrief. Da können SMS, Fax und E-Mail nicht mithalten."
Ryan Phillippe, Schauspieler (Eiskalte Engel)

„Du musst ein Mädchen finden, das Romantik so definiert wie du selber. Dann klappt es. Romantik kann auch Schweigen bedeuten. Mit den Augen Liebeserklärungen machen."
Nicky, Westlife

Männer können Sex ohne Liebe machen, heißt es. Ich finde, Sex ohne Liebe ist wie Spaghetti ohne Soße. Klar kann man Nudeln auch pur essen, aber dann fehlt jawohl das Wesentliche!"
Moritz Bleibtreu, Schauspieler

„Natürlich haben wir jede Menge Girls. Solange die das auch wollen. Wozu sind wir denn Rockstars geworden?"
Jimmy Pop, Bloodhound Gang

„Ich liebe meine Freundin auch dafür, dass ich ausraste, wenn ein anderer Typ sie anbaggert. Ja, ich bin eben eifersüchtig. Aber ich finde das produktiv. Es zeugt von Liebe. Und die Frauen stehen doch drauf, wenn man um sie kämpft!"
Darko, 20, Die 3. Generation

„Mädchen tun doch immer nur so ruhig. In Wirklichkeit wollen die doch eigentlich schon billig angequatscht werden. Oder stehen die vielleicht auf Weicheier?"
Tobias, 22, Schauspieler und Blue4you-Botschafter

„Mädchen haben so eine bestimmte Art, auf Umwegen zu denken. Die werden wir nie durchschauen können."
Ralf Bauer, Schauspieler

HERZSCHMERZ story

S. 97 ◄ *er* legte Michael seine Hand auf die Schulter. Michael schien sich gestört zu fühlen. Nur unwillig entfernte er seine Zunge aus dem Mund der Rothaarigen. „Was gibt's denn?" - „Ich weiß, dass es gerade nicht so gut passt, aber hast du mal zehn Minuten?" Michael sagte dem Mädchen, dass es sich nicht von der Stelle rühren sollte, und ging mit ihm nach draußen. „Aber wirklich nur zehn Minuten, ich glaub, mit der geht heute Abend noch ziemlich viel." - „Wie schön für dich." Und dann erzählte er seinem besten Freund die Kurzfassung des vergangenen Abends, angefangen bei dem Brief an der Vespa bis hin zu dem Desaster mit Anne. „Oh Mann, Alter, das hört sich nicht gut an. Aber das mit Anne kriegst du schon wieder hin, Blumen mitbringen und so, dann beruhigt sie sich schon wieder. Willst du denn da hingehen, ins Theater, mein ich?" - „Ich weiß es nicht. Ich hab Tanja seit fünf Monaten nicht gesehen und wollte echt nichts mehr mit ihr zu tun haben. Trotzdem bin ich neugierig, was sie von mir will." - „Ich hab sie vor einer Weile gesehen. Sie jobbt in so einem Eiscafé, 50er-Jahre-Einrichtung, ziemlich cool. Und sie hat jetzt knallblaue Haare." - „Und wie sieht das aus?" - „Süß, kannst du dir ja vorstellen." - „Wie ging es ihr denn?" - „Gut, glaube ich. Es wirkte nicht so, als würde sie dir noch tierisch hinterher trauern." - „Ist doch gut." - „Und, willst du da jetzt hingehen oder nicht?" - „Ich weiß nicht." Zwei Mädchen kamen aus dem „Dizzy's", eines von ihnen hatte rote Haare. „Wenn du glaubst, dass ich wie ein Idiot da drin auf dich warte, hast du dich geschnitten!", fauchte sie Michael an. Und verschwand mit ihrer Freundin in der Nacht. „So, und jetzt betrinke ich mich. Und du zahlst!", stöhnte Michael.

Nach dem dritten Bier konnten beide wieder lachen. Sie erzählten sich Blondinenwitze, die sie auf Anne ummünzten, und schworen sich mehrfach, in Zukunft nichts mehr mit Weibern anzufangen. „Weißt du, deine blonde Tussi, Anne, mein ich, ist ja wirklich scharf, aber mehr auch nicht. Langweilst du dich nicht zu Tode mit der, wenn ihr nicht gerade im Bett seid?" Er schluckte. „Kann schon sein."Wie sollte er Michael denn erklären, dass er süchtig war nach ihr?

„Darf ich mich zu euch setzen?" Der Typ hatte schon den ganzen Abend am Tresen Bier in sich reingeschüttet. Er war älter als sie, teuer angezogen und eigentlich ein bisschen zu schnöselig für diesen Laden. „Tschuldigung, ich hab euer Gespräch mit angehört. Ich hab auch die Schnauze voll von Frauen, meine hat mich gerade verlassen, einfach so. Ohne Erklärung. Kann ich euch ein Bier ausgeben? Aus Solidarität sozusagen?" - „Klar." Der Typ hieß Robert. Und erzählte ihnen seine Leidensgeschichte: „Sie war so süß, zehn Jahre jünger als ich und kein bisschen Erfahrung. Ich hab ihr die Welt gezeigt, mein ganzes Geld für sie ausgegeben, und dann sagt sie einfach, es sei Schluss. Weil sie sich an etwas erinnert hätte. So'n Scheiß. Ich bin sogar mit ihr ins Theater gegangen, obwohl das echt nicht mein Ding ist. Und im Bett konnte die gar nichts. Alles musste ich ihr beibringen." - „Und sie hat dir keinen Grund gesagt?" Offensichtlich würde es mit Frauen immer schwie-

118

story

rig bleiben, egal wie alt man war und wie viel Kohle man hatte. „Keinen. Ich glaube, da steckt ihr Ex-Typ dahinter, von dem hat sie nie was erzählt, aber irgendwas war da, das hab ich gemerkt. Und wegen so einem kleinen Versager verlässt sie mich.

Das „Dizzy's" machte zu. Es standen ziemlich viele Biere auf der Rechnung. Michael konnte kaum noch aufstehen. Schwankend stolperten die drei vor die Tür, die Stimmung begann jetzt zu kippen, Robert standen die Tränen in den Augen. „Danke, dass ich mit euch den Abend verbringen durfte. Ich kenn hier ja keinen. Das ist auch gar nicht mein Laden, ich bin nur hergekommen, weil Tanja hier immer war, bevor wir uns kennen gelernt haben. Und ich dachte, ich treff sie vielleicht." Er war auf einmal hellwach. „Tanja?" - „Ja, Tanja, Tanja mit den blauen Haaren und dem süßen Arsch. Alles hab ich ihr beigebracht, und jetzt kommt irgendein Würstchen in den Genuss meines Unterrichts.

Er hätte nicht gedacht, dass er so was jemals tun würde. Aber er schlug Robert ins Gesicht. Der war ziemlich verblüfft und wehrte sich nicht. Michael versuchte, ihn festzuhalten, allerdings ohne Erfolg. Er hasste diesen Schnösel, er hasste es, wie er über Tanja redete, und er hasste Tanja, weil sie mit einem anderen ins Bett gegangen war. „Lass sie in Ruhe, sie war meine Freundin, und so ein Arschloch wie du hat sie nicht verdient!

Langsam kapierte Robert. „Ach, dann bist du das Würstchen, dem ich das alles zu verdanken habe!" Und sie prügelten sich, mitten auf der Straße rollten sie auf dem Boden, und er spürte die Schmerzen nicht, wenn Roberts Schläge ihn trafen. Michael sprang hilflos um sie herum und schrie, dass sie aufhören sollten, aber sie hatten sich ineinander verbissen wie zwei wütende Hunde. Und dann kam auch schon der Streifenwagen.

Vom Revier aus riefen die Polizisten seine Eltern an. Sie holten ihn ab und brachten ihn ins Krankenhaus. Sie sprachen kein Wort mit ihm. Die Platzwunde an der Schläfe musste genäht werden, und er hatte Nasenbluten, ein blaues Auge und jede Menge Prellungen, aber gebrochen war nichts.

„Sag mir wenigstens, dass du nicht angefangen hast", bat seine Mutter, als sie nach Hause fuhren. „Ich hab aber angefangen. Tut mir Leid." Seine Mutter fing an zu weinen. Er fühlte sich schrecklich und hoffte nur, dass er gleich in seinem Bett aufwachen und alles nur ein Traum gewesen sein würde. Aber er wachte nicht auf. „Wir sprechen uns morgen, du kannst dich auf was gefasst machen", versprach sein Vater. Er rollte sich in seinem Bett zusammen. Alles tat ihm weh. Was war bloß passiert? Seine Eltern waren noch das geringste Problem. Aber wie sollte er Anne sein zerschlagenes Gesicht erklären? Und warum hatte es ihn so getroffen, dass Tanja mit jemand anderem zusammen gewesen war?

Die Tür ging auf. Seine Mutter kam herein. „Was machst du bloß?", fragte sie traurig. Und da warf er sich in ihre Arme und heulte, so wie er das letzte Mal als kleiner Junge geheult hatte…

► S.148

HERZSCHMERZ botschafter

„UNSERE BEZIEHUNG GEHT ZU ENDE"
ICH, LUKE, 21

Zersplittert in 1000 Stücke
_Sie klingelt. Meine Herzschlagfrequenz erhöht sich. Ich betätige den Türsummer und suche eine Beschäftigung, um sie nicht merken zu lassen, dass ich seit der letzten halben Stunde regungslos auf dem Sofa gesessen habe. Sie kommt rein, ich gucke sie nicht an und sage: „Setz dich."

Sofort beginnt die Ballerei. „Wie bist du denn drauf? Ich werde stehen bleiben!" Gekünsteltes Lachen meinerseits: „Dann bleib eben stehen." Ich setze mich und ringe schon jetzt nach Worten, ich habe mir alles sorgfältig zurechtgelegt: „Du hast von Anfang an versucht, mich unterzubuttern, hast all dein schauspielerisches Geschick dazu eingesetzt, mich kleinzukriegen, du hast die Macht an dich gerissen, um dich in Sicherheit zu wiegen, du hast mich auflaufen lassen, hast dich nie wirklich auf mich eingelassen, hast die Überlegene gespielt, obwohl du tief im Innern immer noch Teenie bist und zu unreif, um solche Gefühle wie meine überhaupt erwidern zu können." Aber alles, was ich über meine Lippen bekomme, ist: „Ich bin desilluso... desi ... de ... desillusiert."

„Du meinst desillusioniert", sagt sie gestochen scharf mit mitleidigem Lächeln.

Ich hole tief Luft und spreche dann ins Leere: „Nee, jetzt mal Klartext: Wir hatten Stress und konnten's nicht klären. Ich erwarte dich sehnsüchtig zum vereinbarten Treffpunkt und auf meinen Anruf hin sagst du: 'Ich sitze hier gerade so gemütlich mit meinen Freundinnen, ich komm dann so in einer halben Stunde ...'" Hier werde ich unterbrochen. „Und? Bricht für dich deshalb die Welt zusammen? Sei doch mal ehrlich: Ich bin doch nur zu spät, ich hatte eben Drehstress! Dass du wegen so was ausrastest, hätte ich nicht gedacht. Du hast ja einen Knall, so kenn ich dich ja gar nicht. Mach dich locker!" Ich werde ruhiger und sage dann zu ihr:

„Spiel dein Spiel weiter, für die Realität fehlt dir nämlich der Mut. Aber bitte ohne mich, hier sind deine Sachen."

Jetzt hab ich sie, jetzt schnappt sie nach Luft. Ich zu ihr: „Du kannst doch sonst so perfekt verbalisieren, warum fehlen dir im entscheidenden Moment immer die Worte?" Volltreffer. „Du schöpfst deine Stärke doch nur aus deiner Unnahbarkeit, die eine Maske ist, damit dein echtes Gesicht nicht preisgegeben wird. Davor hast du nämlich Angst!" Volltreffer. „Du setzt all dein Talent für dein Image ein, deshalb hat dich ja auch jeder lieb, aber niemand liebt dich wirklich!"
Treffer versenkt.
Eine halbe schweigende Stunde vergeht. Ich tigere im Raum herum, sie sitzt regungslos auf dem Boden. Plötzlich sagt sie: „Willst du nicht wenigstens mein T-Shirt behalten?" Ich: „Wie soll ich dich vergessen, wenn ich ein Geschenk von dir auf der Haut trage?" Sie nimmt ihre Supergirl-CD aus der Tasche und legt sie auf den Tisch. Ich habe sie ihr gekauft. Sie steht auf und zieht ihre Jacke zum dritten Mal an. Ich umarme sie. Sie sagt: „Trotzdem, danke für alles!", und es klingt wie ein Todesurteil. Sie geht. Ich warte, bis sie unten auf der Straße steht, und werfe die CD zum Fenster raus. Der Traum von meiner Superfrau zersplittert in tausend Stücke.

Ich spiele den Kontrollierten und maile ihr: „Lass dich nicht hängen, komm klar. Jetzt ist der Zeitpunkt. CARPE DIEM!" Auf meinem Display erscheint nach einer halben Minute: „Zu spät!" Zurück schreibe ich: „Falsch verstanden!" Sie: „Hast du was anderes erwartet von einem Teenie!?" Ich: „Genau das ist wohl mein Fehler." Und ich wünsche sie mir zurück. Ich wünsch sie mir verdammt noch mal zurück.

Luke Wilkins spielt den Christian Toppe in „Verbotene Liebe". Zufällig lernten wir den Mädchenschwarm auf einer Zugfahrt von Köln nach Hamburg kennen.

HERZSCHMERZ eifersucht

[die angst, ihn zu verlieren]

Eifersucht – ein Gefühl, das jeder von uns kennt. Wenn dein Freund ein fremdes Mädchen anschaut, ihr vielleicht sogar zulächelt. Die Angst, dass er jemanden kennen lernt, den er besser findet.

„Ich hasse mich selbst dafür", erzählt Jenny, „aber ich kann einfach nicht anders. Ich habe immer Angst, Roman zu verlieren. Und diese Angst macht mich furchtbar unsicher. Und auch verletzlich."

da war neulich diese Party. Roman und ich wollten uns da treffen. Ich kam ein bisschen später als verabredet und konnte ihn in dem Gedränge zuerst nicht finden. Aber dann stieß mich meine Freundin Sabrina an: „Guck mal, da drüben, da steht er, mit Alexandra!" Alexandra! Ausgerechnet. Wo ich doch wusste, dass die ihn toll findet!

Jenny hat sich dann ganz langsam durch die Menschen zu den beiden geschoben, Romans Gesicht dabei keinen Augenblick aus den Augen gelassen, und dabei sind ihr glühende Blitze durch den Magen geschossen. „Mir war wirklich ganz übel, vor Angst und auch vor Wut. Seine Körpersprache war aber auch zu deutlich: Er beugte sich vor, lächelte und wirkte unglaublich interessiert. Und die blöde Kuh, diese Alexandra, ist fast in ihn reingekrochen. Das Schlimmste war, dass ich wie zweigeteilt war. Auf der einen Seite bin ich fast umgekommen vor Eifersucht, auf der anderen Seite wusste ich, dass ich spinne. Dass da garantiert gar nichts ist zwischen den beiden."

Und doch: Als Roman plötzlich seine Freundin Jenny erblickt, kann sie deutlich sehen, dass er erschrickt. Schnell sagt er etwas zu Alexandra, bevor er zu ihr herüberkommt. Alexandra lächelt dabei zuckersüß und ekelhaft verständnisvoll.

„Was hast du mit Alexandra geredet? Hast du sie angesprochen? Hat sie dich angesprochen? Warum hat sie gelacht? Warum hast du gelacht? Findest du sie gut? Nett? Hübsch?"

All das möchte Jenny fragen, aber sie tut es nicht. Traut sich nicht, weil sie genau weiß, dass Roman das nicht abkann. Dass sie ihn damit sauer macht. Und dass sie ihn vielleicht verlieren könnte, wenn sie ihm eine Szene macht. Also macht sie keine. Sie sagt gar nichts. Aber sie denkt. Ständig denkt sie daran. Wie er Alexandra angesehen hat. Wie Alexandra ihn angesehen hat. Was vielleicht passiert wäre, wenn sie noch später gekommen wäre. Die glühenden Blitze in ihrem Magen sind wieder da. Sie ist eifersüchtig, eifersüchtig, eifersüchtig! Und weil sie nicht darüber reden kann, weil sie Roman nicht zur Rede stellt, wird sie immer stiller und immer wütender. Und zickiger.

Eifersucht entsteht meist dann, wenn ein Mensch sich seiner selbst nicht sicher ist, wissen die Psychologen. Maike Carrels vom blue4you-Beratungsteam: „Es gibt das Sprichwort: 'Eifersucht ist eine Leidenschaft, die mit Eifer sucht, was Leiden schafft.' Und das bedeutet, dass man bei seinem Freund und Partner etwas sucht, was der einem nicht geben kann. Und das wirft man ihm vor." Klingt ziemlich absurd. Man macht dem anderen zum Vorwurf, dass der nicht so ist, wie man ihn haben will? „So könnte man es auch ausdrücken", meint die Psychologin. Und: „Man sollte aber die Eifersucht nicht mit anderen Gefühlen verwechseln. Was Jenny auf der Party erlebt hat, ist natürlich ein Gefühl, das sie als Eifersucht identifiziert hat.

Dabei will sie nur Klarheit: Ist das jetzt mein Freund – oder ist er nicht mehr mein Freund?

Wenn sie Roman das jedoch immer wieder zum Vorwurf macht, dann wird es echte Eifersucht. Und die tut mächtig weh."

Ihr Rat an Jenny: Roman eben doch drauf ansprechen. Ihn fragen, was sie wissen möchte. Und dann entscheiden, ob sie mit ihm weiter zusammen sein möchte, ob an ihren Befürchtungen etwas dran ist.

Aber Eifersucht bezieht sich nicht nur auf
Menschen. Man kann auch eifersüchtig werden auf
den Computer, auf den Sport, auf die Freunde des
Partners. So wie Maria. Die 16-Jährige erzählt:
„Mein Freund hängt ständig mit seinen Jungs rum.
Die haben auch dauernd was vor, wo Marcus meint,
da hätte ich nichts zu suchen, da würde ich nur stö-
ren. Die machen zum Beispiel fast jeden Nachmittag
Musik im Keller einer seiner Freunde. Ich wollte
mal mit und zuhören, aber Marcus meinte, das wäre
blöd. Und dann kommt er auch immer zu spät,
wenn wir mal verabredet sind. Ich bin manchmal
ziemlich sauer und fühle mich hilflos.

Und wenn ich mit ihm darüber reden will, dann meint er nur, ich
soll nicht so rumzicken, er habe doch auch nichts dagegen, wenn
ich mich mit meiner Freundin Susie treffe."
Psychologin Maike Carrels: „So ein Verhalten wie von Marcus ist
ziemlich typisch für einen Jungen. Er setzt sich nicht mit seiner
Freundin auseinander. Und Maria dagegen möchte mit ihm darüber reden, versucht es auch immer wieder – aber sie schafft es
nicht. Das ist übrigens auch ganz typisch für das unterschiedliche
Verhalten von Jungen und Mädchen. Man kann es auch so ausdrük-
ken: Jungs laufen weg, Mädchen laufen hinterher."

Die Ursache hierfür liegt – na klar – in der Erziehung:

Mädchen lernen sehr früh, über ihre Gefühle zu sprechen und
immer klar zu machen, was in ihnen vorgeht, um dann eine
Lösung zu finden. Jungs dagegen lernen, selbstständig weiterzuge-
hen, zur Not boxen sie einfach solche Gefühle wie Eifersucht weg.
Drüber reden? Eine Lösung finden? Nicht unbedingt, es geht ja
auch so.
Das kann Mareile, 17, nur bestätigen: „Ich war mit Tom zwei
Monate zusammen, da hat er sich irgendwie verändert. Zuerst
waren wir total verliebt, wir waren so oft wie möglich zusammen.
Entweder bei ihm oder bei mir. Für mich war er der tollste Mann
auf der ganzen Welt, ich war so glücklich!" Aber dann hat Tom
nicht mehr so oft Zeit. Wenn sie ihn zu Hause anruft, ist er nicht

da, und seine Mutter sagt, dass sie auch nicht wisse, wo er stecke. „Ich merkte, wie die Eifersucht in mir hochgekrochen kam wie eine giftige Schlange", erinnert sich Mareile. „Mir war klar, dass ich kurz davor war durchzudrehen. Ich habe mir die wildesten Dinge vorgestellt: Dass er jetzt gerade eine andere küsst, dass er nichts mehr mit mir zu tun haben möchte, dass er Schluss machen will und es mir nicht sagen will." Das Schlimmste war für sie, dass sie sein Verhalten überhaupt nicht nachvollziehen konnte:

> „Das kam aus heiterem Himmel, ich hatte keine Ahnung, warum er plötzlich so kühl war."

Endlich beschließt sie, etwas zu unternehmen: „Ich dachte, ich muss ihn persönlich erwischen, also habe ich die Schule geschwänzt und mich vor seine Klasse gestellt. In der ersten großen Pause kam er dann auch raus und kriegte total große Augen, als er mich sah. Und mir war ganz schlecht vor lauter Aufregung, ich war doch auch so verliebt! Er ist dann vor mir stehen geblieben, mein Herz ist wirklich bis zu den Knöcheln runtergerutscht, und ich hab ihn gefragt, was eigentlich los ist. Und er hat mich angelächelt und gesagt: 'Gar nichts.' Und dann hat er mich in den Arm genommen und mich geküsst, vor allen anderen."

Aber genützt hat das auch nichts. Denn Mareile konnte es einfach nicht mehr aushalten, dass Tom nicht mit ihr redete, sie fühlte sich wie geknebelt und gefesselt. "Es gab keinen anderen Grund – mir war das einfach zu anstrengend. Und immer diese Angst, dass er mir was verschweigt."
Aber es gibt ja auch noch den anderen Fall: Dass dein Partner total eifersüchtig auf dich ist! Obwohl das Jungs selten zeigen, wie unsere Psychologin weiß: „Jungen fühlen zwar das Gleiche, aber sie gehen anders damit um. Sie sprechen das Problem nicht an, sie laufen eher davor weg. Dabei könnte ein Gespräch doch so vieles klären."

Er ist eifersüchtig, sie genervt. Kommunikations-Probleme ...

HERZSCHMERZ — eifersucht

... denn irgendwie reden beide nur aneinander vorbei.

Tina, 16, hat diese Erfahrung gemacht. Die Schülerin aus Heidelberg kann es auch heute kaum fassen, was vor einem halben Jahr passiert ist:
„Ich war mit Keno zusammen, und wir waren wirklich glücklich. Und dann war da diese Klassenparty, wo ich mich eine halbe Stunde mit Michael unterhalten habe, mit dem ich vorher zusammen gewesen bin. Wir haben uns wirklich gut unterhalten und konnten endlich wieder ganz normal miteinander reden. Und als ich dann wieder zu Keno wollte, war der weg. Einfach gegangen, ohne mir Bescheid zu sagen. Ich hab schon geahnt, was los war."

Tina war ziemlich sauer, dass ihr Freund einfach verschwindet und sie stehen lässt. Deshalb hat sie sich auch nicht bei ihm gemeldet – und doch sehnsüchtig auf einen Anruf von ihm gewartet. Der kam aber nicht. Schließlich hat sie nach drei Tagen doch bei ihm angerufen. „Er sagte in total aggressivem Ton, was ich denn noch von ihm wolle, ich hätte mich doch prima mit Michael unterhalten und so weiter. Ich habe ihm versucht zu erklären, dass ich mich einfach mit Michael ausgesprochen hätte, und dass das gar nichts zu bedeuten habe."

Keno hat ihr nicht geglaubt.
Er war rasend eifersüchtig.

Wenn sie bei ihrer Freundin war, hat er dort angerufen oder sie sogar abgeholt – um sie zu kontrollieren. Wenn sie zusammen ausgingen, wich er nicht von ihrer Seite, und wenn sie mit einem anderen Jungen sprach, guckte er böse und legte gleich den Arm um sie. Sechs Wochen hat sie das ausgehalten, dann war Schluss: „Ich hatte das Gefühl, ich habe keine Luft mehr zum Atmen. Es hat mich fertig gemacht, seine ständigen Fragen, sein Misstrauen, seine Kontrolle."
Sie hat Schluss gemacht: „Das war furchtbar, denn eigentlich haben wir uns doch geliebt."

INFO

Was kannst du tun, wenn dein Freund eifersüchtig ist?

_Versuch herauszufinden, warum er dieses Gefühl hat. Lass nicht zu, dass er sich herauswindet und nicht drüber reden will.

_Wenn er sich über dein Klammern beklagt: Vielleicht kannst du dich ein wenig zurücknehmen.

_ Bezieh ihn mit in dein Leben ein, auch wenn deine Freundinnen genervt sind.

Was kannst du tun, wenn du eifersüchtig bist?

_Versuch herauszufinden, warum du dieses Gefühl hast. Gibt er dir konkreten Anlass dazu oder bist du einfach nur grundsätzlich misstrauisch?

_Es hilft immer, offen darüber zu reden. Auch, wenn du dabei merken musst, dass du ihn vielleicht verlierst.

Als er allein war, ließ er seinen Gefühlen freien Lauf. Eifersucht kann dich innerlich zerreißen.

HERZSCHMERZ — fremdgehen

[ich wollte ihr nicht wehtun!]

_Ich weiß eigentlich nicht genau, wie es dazu kommen konnte. Mir war nicht wirklich klar, dass ich Katja betrüge.

In flagranti erwischt

andreas war 20, als das passierte. Seine Geschichte ist einfach, wie so viele. Er war unterwegs, weit weg, er war allein, und Katja war nicht da. Dann war da diese andere. Gelegenheit macht Liebe.
„Es war nur eine Nacht, mit Liebe hatte das nichts zu tun. Ich bin Tänzer, war mit C.C. Catch in Russland unterwegs, jede Nacht an einem anderen Ort." Andreas ist ein gut aussehender Typ: sportlich, blond und tolle Augen, ein Mann, der Mädchen gefällt. In Moskau ist es dann passiert: „Wir haben in einem Club gespielt und danach da weitergefeiert. Dann hat mich dieses Mädchen angesprochen." Ihren Namen hat er heute vergessen. Den Seitensprung erklärt er mit „geistiger Umnachtung". An Katja hat er in diesem Moment nicht gedacht.

Es tut weh

Es ist einer der schlimmsten Momente für ein Mädchen. Viele haben große Angst davor, eine solche Situation erleben zu müssen. Und wenn es dann doch passiert ist, verzweifeln sie bei dem Gedanken, dass er eine Nacht mit einer anderen Frau verbracht hat – während ihr Freund die Tragweite seines Vertrauensbruches gar nicht richtig einzuschätzen vermag.
„Ich weiß nicht, ob er begriffen hat, was er mir damit angetan hat", erzählt Ricarda, 18. Mehr durch einen dummen Zufall kam heraus, dass ihr Freund Alex den Abend nach der Party nicht bei seinem Kumpel Jonas verbracht hatte. „Als dann rauskam, dass er die Nacht bei einem Mädchen gewesen war, kamen von ihm nur lahme Entschuldigungen. Das sei doch nur Sex gewesen, das sei doch keine Liebe!" Das stimmt sogar. Denn den körperlichen Ablauf des Miteinander-Schlafens nimmt ein Junge anders wahr als ein Mädchen: Er dringt in den Körper des Mädchens ein. Das Mädchen jedoch öffnet sich. Sie vertraut sich ihm an.

„Männer trennen Sex und Liebe sehr viel leichter voneinander als Frauen", bestätigt auch unsere Psychologin Maike Carrels. Sie schließt nicht aus, dass es dafür sogar eine genetische Ursache geben könnte. Männerkörper sind auch völlig anders konstruiert als Frauenkörper.

Dennoch gibt es kein „Fremdgeh-Gen", das die Untreue verursacht. Auch wenn Jungs das behaupten und dieses Gen liebend gerne als Entschuldigung anführen.

Ricarda: „Es hat mir furchtbar wehgetan, ihn mir in den Armen einer anderen Frau vorzustellen. Außerdem musste ich immer daran denken, was bei einem Seitensprung alles passieren kann. Alex hat zwar immer wieder beteuert, er hätte ein Kondom benutzt. Aber ich war trotzdem skeptisch. Stimmt das wirklich? Und ist das immer hundertprozentig sicher? Ich hab einfach Angst vor AIDS. Außerdem ist Alex schon öfter fremdgegangen. Beim ersten Mal habe ich ihm verziehen, das zweite Mal habe ich geweint, und nach dem dritten Mal habe ich ihn zum Teufel geschickt. Es tut einfach zu weh, und ich musste ständig daran denken und hatte überhaupt kein Vertrauen mehr zu ihm."

Andreas betrügt seine Freundin. Das Protokoll auf S. 132

Wenn dein Freund immer wieder fremdgeht, läuft in eurer Beziehung was falsch. Eure Definition von „Liebe" ist dann zu unterschiedlich. Dein Freund nimmt einfach keine Rücksicht auf deine Gefühle, und darunter leidest du zu sehr. Eine Trennung ist nie leicht, aber dann solltest du dich trotzdem mit diesem Gedanken befassen.

> Du stehst damit auch nicht allein da: In den Top Ten der Trennungsgründe bei Mädchen liegen die Punkte „Kein Vertrauen" und „Fremdgehen" auf den ersten Plätzen.

Ein Junge würde nach einem Seitensprung mit einem anderen Mädchen nie seine Beziehung in Frage stellen. Auch würde er nicht daran zweifeln, dass er seine Freundin wirklich liebt. Alex, heute Ex-Freund von Ricarda: „Ich habe nichts für die anderen empfunden. Ich will sie auch gar nicht wiedersehen."

Warum hat er's dann getan?

„Ich weiß auch nicht. Vielleicht, weil sich ganz einfach die Gelegenheit geboten hat. Weil Ricarda nicht da war, weil ein anderes Mädchen da war. Und die fand mich toll, da fühlte ich mich total geschmeichelt. Und so ist es dann wohl passiert."

129

HERZSCHMERZ fremdgehen

Nichts wird so sein, wie es mal war

Nach einem One-Night-Stand wird es nie so einfach sein, wie es im Fernsehen häufig vorgespielt wird. Nicht wie in „Beverly Hills 90210". Nicht nach dem einfachen Strickmuster „Großer Krach – Trennung – Junge beweist seine Liebe – sie verzeiht ihm – alles ist wieder gut". Nicht in der Realität.

Deine quälenden Fragen können nicht so leicht beantwortet werden: Warum betrügt er mich? Warum hat er es mir nicht erzählt? Wie kann er mich wirklich lieben, wenn er mit einer anderen ins Bett geht?

Doch, das kann er. Denn Jungen denken anders als Mädchen. Er fragt sich nicht, warum er sie betrügt. Das Fremdgehen ist für ihn keine Entscheidung gegen seine Freundin. Darüber denkt er nicht nach. Er genießt es, begehrt zu werden.

Ein One-Night-Stand ist von ihm in über 90 % der Fälle nicht geplant. Sagt die Statistik. Der Junge ergibt sich der Situation: Über 70 % aller Männer ab 16 fühlen sich geschmeichelt, wenn sie einer fremden Frau gefallen. Und: Wusstest du, dass sich nur knapp über 50 % sicher sind, dass ihre eigene Freundin sie wirklich toll findet?

Und er liebt dich doch!

Jungen denken anders als Mädchen. Wirklich? Aber fühlen Jungen auch anders als Mädchen?

Andreas, der Tänzer, der seine Freundin Katja auf einer Tournee betrogen hat, sagt: „Ich war wirklich total fertig nach dieser Nacht. Am nächsten Morgen konnte ich mir kaum im Spiegel in die Augen sehen. Ich habe mir ganz schwere Vorwürfe gemacht." Natürlich denkt ein Junge darüber nach. Aber erst hinterher. Dann wird ihm klar, was er getan hat. Er weiß, dass eine Beziehung eigentlich nur funktionieren kann, wenn man ehrlich miteinander umgeht. In jeder Situation.

Und trotzdem: Andreas war damals der Überzeugung, Katja würde ihm das nicht abnehmen und nur den Seitensprung sehen. „Ich habe es Katja nie erzählt, gerade weil ich sie geliebt habe. Ich wollte das nicht aufs Spiel setzen. Denn sie wäre ausgerastet und hätte mir kein Wort geglaubt. Erst recht nicht, dass es nicht mehr vorkommen würde, weil ich danach erst richtig sicher war, dass ich nur sie liebe. Ich hätte sie verloren."

Andreas ist heute klüger als vor einem Jahr: „Ich hätte ihr gerne erzählt, wie übel ich mich gefühlt habe und wie viele Sorgen ich mir um unsere Beziehung gemacht habe. Ich hätte ihr gerne erzählt, dass ich gelernt habe. Ich wusste plötzlich genau, was mir wichtig ist und hätte gerne die Nacht sofort wieder rückgängig gemacht." Aber er hat nicht mit ihr geredet, weil er zu viel Angst hatte, Katja zu verlieren. Angst, dass er durch seine Ehrlichkeit ihr Vertrauen verlieren würde. Ein Teufelskreis ... Ganz selten kennen sich zwei Partner einer Beziehung so gut und haben so viel Vertrauen zueinander, dass sie keine Angst mehr vor der Reaktion des anderen haben müssen. Da sind sie dann doch beide wieder gleich: Junge wie Mädchen, Mädchen wie Junge. Angst, den anderen zu verlieren, haben sie beide. Andreas hat Katja nie wieder betrogen. Und er liebt sie noch immer. Eine Geschichte mit Happyend? Vier Monate später zog Katja für ihr Studium nach London. Und verliebte sich dort in einen anderen ...

Hattest du schon mal einen seitensprung?

Wünschst du dir einmal einen Seitensprung?

Männer: 48% ja

Frauen: 58% ja

Hast du schon mal einen Seitensprung gehabt?

Männer: 31% ja

Frauen: 18% ja

Was war der Grund?

Männer: 33% Hat sich so ergeben

Frauen: 45% Fühlte mich bei meinem Partner unverstanden

Hast du deinem Partner von dem One-Night-Stand erzählt?

Männer: 79% nein

Frauen: 56% nein

Warum hast du es verschwiegen?

Männer: 31% Wollte sie nicht verletzen

20% Sie hätte mich verlassen

Warum hast du es ihm erzählt?

Frauen: 69% Konnte damit nicht leben

(Quelle: GRP-Institut München)

HERZSCHMERZ botschafter

„ICH HABE SIE BETROGEN"
ICH, ANDREAS, 22

Alles war doch perfekt ...
_Ob man sagen soll, dass man fremdgegangen ist? Ich weiß es immer noch nicht. Als ich damals meine große Liebe Katja betrogen habe, konnte ich ihr nichts sagen.
Und das war die Hölle für mich. Ich habe mich so schlecht gefühlt wie noch nie in meinem Leben. Vielleicht wäre doch alles anders gekommen, wenn ich mit ihr darüber gesprochhätte. Noch heute habe ich ein komisches Gefühl im Magen, wenn ich dran denke. Ich glaube, ich schäme mich dann immer noch für mein Verhalten.

Ich bin in Kasachstan geboren. Darum spreche ich natürlich auch Russisch. 1990 kam ich nach Deutschland. Da war ich elf. Mit 18 lernte ich Katja kennen. Ich habe lange um sie gekämpft. Ich wollte nur sie, das war sofort klar.
Als ich fremdging, war ich mit Katja schon sehr lange zusammen. Ich hatte noch nie für eine Frau so empfunden. Katja war der Lottogewinn, den sich jeder Junge wünscht.
Sie war einfach perfekt.
Dann habe ich eine Welttournee begonnen. Ich bin Tänzer.
Ich bekam einen Vertrag über anderthalb Jahre bei Dieter Bohlen. Ich sollte für das Projekt C.C. Catch tanzen. Diese Chance musste ich einfach wahrnehmen! Katja war fast noch enthusiastischer als ich. Natürlich würde unsere Beziehung darunter leiden. Das wussten wir. Aber nur zeitlich. Das dachten wir. Ich habe nie auch nur daran gedacht, dass ich dadurch neue Mädchen kennen lernen würde. Meine wenige Freizeit habe ich mit Katja verbracht. Habe sie vermisst, wenn ich unterwegs war. Für meine Handyrechnungen hätte ich mir fast ein Auto kaufen können.
Und so oft wie möglich ist sie mit auf meine Konzerte gekommen.
Doch als die Tournee nach Russland und Asien ging, war das natürlich unmöglich.

Plötzlich stand sie da …

Eines Abends ist es dann passiert. Es war nicht geplant. Es war nicht schön. Wir waren in einer riesigen Diskothek irgendwo in Russland. Völlige Anonymität. Nach dem Konzert feierten wir alle noch hinter der Bühne weiter. Ich habe ein wenig mit meinen Mittänzern herumgehangen. Die Stimmung war gut, wir waren so was wie Stars. Plötzlich war da dieses Mädchen. Sie war sehr schön. Hatte dunkle, lange Haare, war groß. Ich glaube, sie hieß Natalie. Das ist aber egal. Sie hat mich nie wirklich interessiert. Wir haben die Nacht miteinander verbracht. Ich kann das heute nicht mehr nachvollziehen. Ich könnte mich ohrfeigen. Obwohl Katja es nie erfahren hat, fühlte ich mich schuldig. Am nächsten Morgen schon kam das schlechte Gewissen. Ich konnte mich nicht mehr im Spiegel ansehen. Ihr müsst wissen, Katja war wirklich mein Ein und Alles. Ich hätte sie gegen nichts auf der Welt eingetauscht.

Ich glaube sogar, ich liebe sie noch heute.

You say it best, when you say nothing at all

Ich hatte den Himmel. Nach meinem Seitensprung begann für mich die Hölle. Ich konnte ihr nichts erzählen, denn ich dachte, Katja würde mir das nie verzeihen können.

Ich habe versucht, nicht daran zu denken.

Als ich dann wieder in Münster war, schwieg ich weiter. Und redete mir ein, dass ich schon genug leiden würde. Ich wollte ihren Glauben an unsere Liebe nicht zerstören. Ich wollte nicht mich schützen, sondern uns. Unsere Beziehung. Unser Glück.

Es ist nie wieder vorgekommen. Ich habe gespürt, dass ich mir noch nie in meinem Leben so viele Sorgen um etwas gemacht habe.

Und als Katja dann nach London ging, war ich total eifersüchtig. Ich hatte kein Vertrauen zu ihr, habe mir immer vorgestellt, dass sie mich betrügt. Heute weiß ich, dass mein Seitensprung daran schuld war. Ich dachte, dass sie das Gleiche macht wie ich damals in Russland.

Und tatsächlich hat sie dann unsere Beziehung beendet. Als ich sie für zwei Wochen besuchen wollte, hat sie mich nach zwei Tagen nach Hause geschickt: Sie sei nicht mehr verliebt in mich.

Andreas ist Tänzer und war über ein Jahr mit C. C. Catch auf Tournee. Er ist künftig auch für die Botschafter-Castings zuständig.

INFO

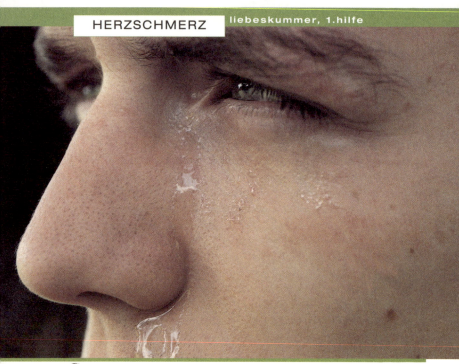

HERZSCHMERZ — liebeskummer, 1.hilfe

[berühr meine seele nicht]

„Auch wenn es seine Zeit braucht.
Danach ist alles gut, so wie es ist.
Du fällst und du stehst wieder auf.
Es kommt nur drauf an, dass du das
nicht vergisst." Thomas D.

Liebeskummer. Jeder kennt das Gefühl. Jeder hat es irgendwann schon einmal gespürt. Wenn sich dein Magen zusammenzieht, dein Kopf aufhört zu denken. Wenn du nicht mehr essen willst, nicht mehr schlafen kannst. Wenn alles andere unwichtig wird. Freunde, Schule, Hobbys. Alles, was davor gut und wichtig war, verliert plötzlich an Bedeutung. Weil er nicht mehr da ist. Er, mit dem man diese Sachen eigentlich genießen möchte. Er, der bisher der Mittelpunkt deines Lebens war, ist plötzlich verschwunden. Hat dich allein gelassen mit deiner Liebe, deiner Sehnsucht, deinen Träumen. Kennst du das?

„Das Ende einer Liebe ist wie eine Art Abschied. Man verliert einen geliebten Menschen", sagt die blue4you-Psychologin Maike Carrels. „Dabei ist es zunächst egal, wodurch der Verlust entsteht.

Entscheidend ist, dass man lernen muss, mit einer Trennung, mit dem Verlust eines geliebten Menschen umzugehen." Und das ist nicht einfach. Weil man nicht einfach aufhört, den anderen zu lieben, bloß weil man sich getrennt hat. Weil es so verdammt wehtut, den anderen gehen lassen zu müssen.

Eines ist klar: Gegen Liebeskummer gibt es kein Mittel. Ob mit 16 oder mit 60, gegen Liebeskummer kann man sich nicht schützen.

schmerz

Und Liebeskummer dauert. Unter Umständen sogar ziemlich lange. Und das Einzige, was du tun kannst, ist abwarten. Denn die Zeit heilt bekanntermaßen alle Wunden. Aber du kannst versuchen, dir die Zeit zu erleichtern, so gut es geht.

Führ dir immer wieder auch die negativen Seiten deiner verflossenen Liebe vor Augen. Schreib sie auf und häng sie dir übers Bett, damit du sie nicht vergisst.

Steffen, 20, Zivildienstleistender in einer Jugendherberge in Nürnberg, ist seit einem halben Jahr nicht mehr mit Freundin Simone zusammen. Als sie wegen des Studiums nach München zog, hat sie sich Hals über Kopf in einen anderen verliebt. Und Steffen den Laufpass gegeben. „Manchmal gibt es Tage, an denen ich Simone richtig hasse. Dafür, dass sie mich so verletzt hat. Dass ich seit Wochen nicht mehr schlafen, nicht mehr essen kann und es ihr anscheinend total egal ist." Die Reaktion von Steffen ist ganz verständlich. Denn nichts tut mehr weh als zu sehen, dass es dem anderen anscheinend gut geht, während es dir selber so schlecht geht. Du hasst den anderen dafür. Und gleichzeitig liebst du ihn noch immer. Und das ist am allerschlimmsten. Aber Wut und Hass sind auch erste Zeichen dafür, dass du beginnst Abstand von deinem Partner zu gewinnen. Dass du anfängst, dir auch seine Schwächen und seine Fehler einzugestehen. Außerdem: Manchmal tut es auch einfach gut, auf den anderen wütend zu sein, ihn zu beschimpfen, ihm alle böse Dinge zu wünschen, oder?

HERZSCHMERZ — liebeskummer, 1.hilfe

Maike Carrels

So kannst du besser mit der eigenen Wut, dem eigenen Schmerz umgehen. Maike Carrels: „Die Wut auf den anderen ist eine normale Reaktion. Sie hilft dir dabei, deinen eigenen Schmerz zu überwinden." Das soll nicht heißen, dass du die schönen Stunden und Momente mit ihm vergessen sollst. Im Gegenteil. Es ist nur einfach so, dass es zumindest am Anfang leichter ist, Abstand von dem anderen zu bekommen, wenn man sich von ihm distanziert. Sowohl gefühlsmäßig als auch räumlich.

```
Auch wenn es wehtut - vermeide möglichst
jeden Kontakt zu deiner Ex-Liebe. Weder per-
sönlich noch über Dritte. Das erspart dir
Schmerzen. Und erleichtert die Trennung.
```

Lass uns gute Freunde bleiben – kaum ein anderer Satz wird so strapaziert, wie dieser! Und ist so wahr und unwahr zugleich. Derjenige, der sich trennt, möchte oft genug den Kontakt aufrechterhalten. Schon aufgrund seiner Schuldgefühle. „Am Anfang hat Daniel fast täglich angerufen. Wollte wissen, wie es mir geht. Einfach ein bisschen quatschen."

Für Sylvie waren diese Telefonate schrecklich und wunderschön zugleich. Seine Stimme zu hören, mit ihm zu reden, als ob nichts wäre. Und immer wieder die kleine, die verrückte Hoffnung zu haben, dass sie vielleicht doch wieder mit ihm zusammenkommt. Und das ist gerade das Gemeine an diesem „Lass-uns-gute-Freunde-bleiben"-Ding. Du hast gar keine Chance, dich wirklich von dem anderen zu trennen. Weil du ihn ja eigentlich sehen willst. Und dich in der Hoffnung wiegst, dass es mit der Zeit vielleicht wieder anders wird. So wie früher. Und das passiert leider nun mal nur in den seltensten Fällen. Stattdessen fahren deine Gefühle Achterbahn und am Schluss kommt dann doch die große Enttäuschung. So wie bei Sylvie.
Als sie erfuhr, dass Daniel eine neue Freundin hat. „Ich dachte, ich sterbe. Es hat so wehgetan. Und das Schlimmste: Ich konnte noch nicht mal sauer auf ihn sein. Er hatte ja von Anfang an gesagt, dass er nur mit mir befreundet sein will", sagt Sylvie.

Natürlich ist es nicht einfach, den Kontakt zu dem anderen konsequent abzubrechen. Aber es ist meistens die einzige Möglichkeit, mit der Trennung fertig zu werden. Abstand zu bekommen. Neu anzufangen.

Sprich mit deinen Freunden! Reden vertreibt Kummer und lässt dich die Dinge von einer anderen Seite betrachten.

In Krisenzeiten merkst du, wie unersetzlich sie sind: gute Freunde. Sie sind da, wenn dir mal wieder die Decke auf den Kopf fällt. Wenn der Schmerz dich einholt und durchschüttelt. Sie hören sich zum hundersten Mal dieselbe Geschichte an. Und geben gute Tipps und Ratschläge. Die in den seltensten Fällen befolgt werden. Aber das ist auch nicht so wichtig. Viel wichtiger ist, dass da jemand ist. Dass du nicht allein bist mit all deinem Schmerz, deinem Frust, deiner Trauer. Dass da jemand ist, der dir hilft, deine Gedanken zu ordnen. Idealerweise jemand, der selbst schon ähnliche Erfahrungen gemacht hat. Was nicht so schwer ist.

Denn Liebeskummer ist bekanntermaßen eine äußerst verbreitete Krankheit. Und im Gespräch mit anderen beginnt in den meisten Fällen das, was Maike Carrels die „Trauerarbeit" nennt. Wenn du anfängst, dir über die Hintergründe eurer Trennung, aber auch über eure Beziehung selbst Gedanken zu machen. Darüber, was in der Beziehung gut und was nicht so gut gelaufen ist. Maike Carrels: „Jeder Liebesschmerz kann auch positiv gesehen werden. Indem ich leide, beginne ich, mir über mich und meine Situation Gedanken zu machen. Ich beginne, Dinge in Frage zu stellen und nach neuen Lösungen zu suchen. Dadurch entwickle ich mich im optimalen Fall weiter und werde reifer."

Im Klartext: Erst wenn du ehrlich zu dir selbst bist, anfängst, dich zu fragen, was du von einer Beziehung erwartest, wirst du feststellen, warum die Beziehung auseinander gegangen ist. Und es beim nächsten Mal besser machen. Und schon dafür ist Liebeskummer gut – dass man seine Fehler nicht wiederholt.

HERZSCHMERZ
liebeskummer, 1.hilfe

Natürlich ist es wichtig und gut, sich über die Beziehung und die Trennung Gedanken zu machen. Aber irgendwann ist dann der Punkt erreicht (wann, das kannst nur du selbst wissen), an dem es auch gut tut, die Dinge einfach einmal ruhen zu lassen. Nicht mehr dauernd nur darüber zu sprechen. Weil du dadurch auch oftmals die Wunden immer wieder aufreißt. Und dir selbst keine Chance gibst, wirklich über den Schmerz hinwegzukommen. Und neu anzufangen. Also, auch wenn du am liebsten nur im Bett liegen willst und dir die Decke über den Kopf ziehen möchtest, Liebeskummer bekämpft man am besten durch Ablenkung.

Hör auf, immer nur über Vergangenes nachzugrübeln. Ablenkung ist eine wunderbare Methode, um über den Schmerz hinwegzukommen!

Schnapp dir deine beste Freundin und meld dich im nächsten Fitnessclub an, geh mit deinen Freunden zum Squashen oder besuch den Zeichenkurs, den du immer schon einmal machen wolltest. So lernst du schnell neue Leute kennen und bist abgelenkt. Oder mach ein Schönheitswochenende mit deiner Freundin.

Mit Fußnägellackieren, Feuchtigkeitsmaske und allem Drum und Dran. Und danach geht ihr raus auf die Piste und macht die Jungs verrückt. Das hebt dein Selbstbewusstsein. Und schon fühlst du dich ein bisschen besser. Tu alles, was dir gefällt und Spaß macht, und du wirst sehen, mit der Zeit wird auch der Liebeskummer weniger. Vielleicht nicht sofort. Aber nach und nach.

[10 Tipps, die glücklich machen]

 Pack alles, was an deine frühere Liebe erinnert, in eine große Kiste. Alle Fotos, alle Geschenke, die Briefe und die Erinnerungsstücke, einfach alles. Und dann verbuddele die Kiste im Garten. Oder vergrab sie in der hintersten Ecke des Kellers.

 Versuch aufzuhören, an ihn zu denken und von ihm zu reden. Nimm dir zum Beispiel vor: Ich rede jetzt den ganzen Tag nicht von ihm. Und halt dich daran. Du wirst sehen: Mit der Zeit wird dir das immer leichter fallen. Und die Wunden können langsam verheilen.

 Schreib deinem Ex-Freund einen bösen Brief. Schreib all die Sachen hinein, die du immer schon loswerden wolltest. Alles, was du dich bislang nicht getraut hast zu sagen. Und schick den Brief nicht ab.

 Tu dir was Gutes: Gerade wenn du traurig bist und es dir schlecht geht, musst du dich selbst verwöhnen. Kauf dir das Kleid, das du die ganze Zeit schon haben wolltest, gönn dir einen Tag in der Sauna oder veranstalte einen Beauty-Tag mit deiner besten Freundin.

 Schnapp dir deine beste Freundin und mach die Stadt unsicher. Geh aus. Ins Kino, in die Disco, ins Café. Oftmals ist Ablenkung die einzige Möglichkeit, auf andere Gedanken zu kommen und den Kummer erst einmal zu vergessen.

 Geh zum Friseur. Verändere dein Image. So eine optische Veränderung zeigt dir selbst und deiner Umwelt: Jetzt beginnt etwas Neues!

 Verändere deine Umgebung! Räum dein Zimmer um, kauf dir neue Bettwäsche oder ein neues Bild.

 Flirte mit anderen Jungs. Das hebt das Selbstbewusstsein. Und zeigt dir, dass es durchaus Jungs gibt, die dich attraktiv finden. Du musst dich ja nicht gleich mit einem verabreden. Sahn einfach die Komplimente ab. Und dann geh nach Hause.

 Zünde Orangenräucherstäbchen in deinem Zimmer an. Das hebt die Stimmung und löst deine Depressionen in Luft auf.

 Veranstalte einen gemütlichen Videoabend mit deiner besten Freundin. Und leih dir den Film „Einsam, zweisam, dreisam" aus. Weil die Geschichte einfach wunderschön ist. Und wieder einmal zeigt: Einer neuen Liebe kann man überall begegnen. Unverhofft und völlig überraschend.

[love affairs]

_Die drei Phasen der Liebe. Die Hormone sind verantwortlich, klar doch! Aber in diesem Spiel kannst du in drei Runden zeigen, was du selber drauf hast.
Und mit jeder Aufgabe Romantik- oder Coolness-Punkte sammeln.

Spielerklärung:
So geht's: Dieses Spiel könnt ihr zu zweit oder zu viert spielen – entweder einzeln gegeneinander oder in zwei Teams. Ihr müsst abwechselnd Aufgaben lösen. Bevor ihr anfangt, malt euch drei Voting-Cards (wie sie aussehen, findet ihr auf der nächsten Seite) mit den Bewertungen 1, 2 und 3: Damit könnt ihr dann beurteilen, wie gut (3) oder wie schlecht (1) ein Mitspieler seine Aufgabe gelöst hat. Ihr verteilt Punkte für die Kategorien Romantik ♥ und für Coolness ❊.

Und jetzt fängt's an:
Ihr braucht ein Handy. Per Suchlauf im Adressbuch scrollt der Handybesitzer wahllos Namen. Der „Würfler" sagt „Start" und dann „Stop".
Die letzte Zahl dieser Handynummer ist das Codewort. Dieses muss in deine jeweilige Aufgabe (unten) integriert werden.
Für die Aufgaben ist jedes Mal ein Zeitlimit vorgesehen: Also Stoppuhr bereithalten! Gewonnen hat der Mitspieler oder das Team mit den meisten Punkten!

Codewörter Runde 1:
1_Rose   6_Nutella
2_Blätterteig 7_Sonnenmilch
3_Feuerlöscher 8_Buntstift
4_Puppe   9_Schleimbeutel
5_Apfel   0_Klappstuhl

START ▼

Du hast die Handynummer von deinem Schwarm bekommen.
Schreib eine SMS-Flirtbotschaft, die anmacht. (30 Sek. Zeit)

Du bist im Urlaub. Neben dir am Strand liegt der perfekte Flirt. Welchen Spruch bringst du jetzt?
(5 Sek. zum Nachdenken)

Du bekommst Spontanbesuch mit Pizzateig von deinem Partner. Jetzt ist deine Phantasie gefragt: Wie belegst du die Pizza und wie heißt sie? (30 Sek. Zeit)

Dein Schwarm besucht dich das erste Mal zu Hause. Welche drei Songs spielst du auf jeden Fall? (20 Sek. zum Überlegen)

Da ist sofort eine Antwort auf die Mail gekommen und der Angemailte möchte eine knackige Beschreibung. Man bittet dich als Ghostwriter zu fungieren: Beschreib deinen Mitspieler, der eben die Mail in der letzten Aufgabe geschrieben hat. (55 Sek. Zeit)

Du findest einen Eintrag in einem Kontaktmagazin: "Ich hole dir die Sterne vom Himmel. Was tust du für mich?" Jetzt entwirf doch schnell eine clevere Mail! (55 Sek. Zeit)

Codewörter Runde 2:
1_Vanilleeis   6_Maus
2_Kaulquappe   7_Waldsterben
3_Nagel   8_Kondom
4_Brotkasten   9_Feuerzeug
5_Nudelholz   0_Eifersucht

Voting - Cards:
Ihr verteilt Punkte von 1 bis 3, jeweils für Romantik und Coolness. Das Team mit den meisten Punkten gewinnt.

Die erste Nacht. Ihr seid alleine. The Corrs aus den Boxen: Romantik pur. Du willst ... aber, wie sagst du's ihm?
Versuch's mal bei deinem Mitspieler!
(ohne Limit)

Ihr küsst euch. Eure Körper verschmelzen. Plötzlich steht der Ex in der Tür. Was sagst du? (Losreden ohne zu überlegen!)

Du schickst 50 rote Rosen zum Geburtstag. Was steht auf der beigelegten Love-Card? (25 Sek. Zeit zum Schreiben)

Die zweite Nacht. Erst ging's nicht, dann passiert alles viel zu schnell. Was war bloß los mit dir? Jetzt musst du deinem Partner das erklären! (Sprich mindestens 60 Sek. mit deinem rechten Mitspieler)

Dein Partner weint nach dem Sex. Was bewegt ihn in diesem Moment so sehr? (sofort antworten)

Nach der Liebesnacht: Ihr habt Hunger. Im Kühlschrank: Bananen, Kräcker, Käse, Gummibärchen, Ahornsirup, Quark. Wie und was zauberst du? (20 Sekunden, dann los)

Du wirst aufgefordert: Schreib mir doch was mit dem Sahnesprayer auf den nackten Bauch und schleck es ab. Was schreibst du? (sofort antworten)

143

Du findest einen Liebesbrief von jemand anderem an deinen Partner. Was schreibst du zurück? (60 Sekunden Zeit)

> Oh, du mein Herz! ♡♡♡
> Jeden Morgen beim Aufwach
> denke ich zuerst nur an
> Ich streichel das noch war
> Bettlaken und rieche dein
> Parfum von letzter Nacht. ♡
> Ich liebe dich mehr als das
> Meter Lichtreflexe an einen
> strahlenden Sonnentag hat..

Du hast umdekoriert. Über dem Bett, wo gestern noch ein Bild von deinem Partner hing, hängt jetzt ein Poster von „Unter Uns"-Star Tobias Licht. Das gibt Ärger!
Wie erklärst du das deinem Freund?
(Sabbel los ohne Punkt und Komma und mindestens 1 Minute lang)

Das Foto des trauten Heims. Was denkt Rike in diesem Moment?
(50 Sek. Erklärung)

Du möchtest das Wochenende mit deinen Freunden und deinem Partner verbringen. Ihr wollt wegfahren. Deine Eltern sagen: „No!". Sie mögen ihn nicht. Überzeug sie, als Gesprächspartner dient dein Mitspieler links neben dir. (60 Sek. Zeit)

Codewörter Runde 3:

1_Lutscher   6_Watte
2_Katzenklo   7_MP3-Player
3_Thermometer   8_Pflaster
4_Zirkuspferd   9_Magnolien
5_Suppengrün   0_Kaubonbon

„Der Mond ist aufgegangen ..."

Ihr habt euch versöhnt. Du schreibst ein romantisches Liebesgedicht. Die erste Zeile ist: „Der Mond ist aufgegangen ..." (Bitte um 5 Zeilen erweitern, 55 Sek. Zeit)

ENDE

Dein Partner ist superverletzt. Musstest du unbedingt mit jemand anderem flirten? Er brüllt rum. Wie beruhigst du ihn wieder? Spiel diese Situation mit einem beliebigen Mitspieler. (No Timelimit)

Du triffst deinen Partner zufällig am Samstagnachmittag. Offiziell ist er bei der Hochzeit seiner Cousine. In den Einkaufstüten hat er: Champagner, Erdbeeren, Kerzen, das Video „Während du schliefst" und ein neues Parfum. Wie machst du ihn zur Schnecke? Brüll deinen Mitspieler rechts neben dir an. (60 Sek.)

NEUBEGINN   story

er versuchte, das Brötchen so zu kauen, dass es nicht allzu wehtat. Seine kleine Schwester hatte sich am Frühstückstisch totgelacht und auch allen Grund dazu gehabt, er sah wirklich aus wie ein Zombie mit seinem zerschlagenen Gesicht. Wider Erwarten hatte sein Vater seine Partei ergriffen, sie solle ihren Bruder gefälligst in Frieden lassen und spielen gehen, hier ginge es jetzt um ein Männergespräch unter vier Augen.

„Wenn ich dich verstehen soll, musst du mir erklären, was da gestern Nacht los war. Du wirst ohnehin in den nächsten Monaten auf dein Taschengeld verzichten müssen und mit dem Weggehen wird das auch länger nichts, ich denke, wir verstehen uns. Du kannst nicht erwarten, dass deine Eltern so was einfach mitmachen. Und bei dir liegt die Entscheidung, ob hier jetzt eine vergiftete Atmosphäre herrschen wird oder ob wir miteinander umgehen können wie erwachsene Menschen." Manchmal war es nicht leicht, einen Lehrer zum Vater zu haben, selbst wenn er vermutlich Recht hatte mit seinem pädagogischen Gesprächsangebot. Aber eigentlich hätte er sich gewünscht, einmal angeschrien, bestraft und dann in Ruhe gelassen zu werden. Widerwillig begann er zu erzählen. Wie das mit Tanja zu Ende gegangen war und das mit Anne angefangen hatte und was für ein Alptraum der gestrige Abend gewesen war. Und während er sprach, kam es ihm so vor, als ginge es nicht um ihn in diesem Gespräch, sondern um eine fremde Person. Es war so wie bei der Schlägerei, als ob er nicht beteiligt war am Geschehen, als ob ein anderer die Kontrolle über sein Leben übernommen hatte.

Sein Vater hörte sich die ganze Geschichte an, ohne ihn zu unterbrechen. Danach schwiegen sie beide, und seltsamerweise sah sein Vater traurig aus. Endlich seufzte er und begann zu sprechen: „Es ist schwierig, über das zu reden, was dir passiert ist. Denn dahinter steht eine Erfahrung, die vermutlich keinem erspart bleibt, von der ich aber gehofft hatte, dass meine Kinder sie nicht mehr in diesem Ausmaß machen müssten. Weißt du, deine Mutter und ich gehören zu einer Generation, die noch aufgewachsen ist mit den Heile-Welt-Versprechungen der 50er Jahre. Man verliebt sich und heiratet, und die Frau kriegt Kinder und der Mann einen gut bezahlten Job, und wenn man ‚anständig' bleibt, kann man das Glück ganz einfach konservieren. Wir mussten sehr rebellieren gegen unsere Eltern und gegen das, was sie uns mitgegeben hatten, und selbst herausfinden, dass das alles so nicht stimmt, dass Beziehungen so nicht funktionieren, sondern im besten Fall langweilig, im schlimmsten Fall ein Gefängnis werden. Und trotzdem gibt es diese Vorstellung von dem Dauer-Happyend, die einem als Kind schon eingetrichtert wurde. Und wenn man merkt, dass diese Vorstellung gar nichts mit dem Menschen zu tun hat, mit dem man zusammenlebt, bekommt man Angst. Und wenn man zulässt, dass einen die Angst kontrolliert, wird man in seinem eigenen Leben ein Fremder." - „Ja, so fühl ich mich, aber trotzdem verstehe ich deine Erklärung nicht. Es ging mir doch nicht ums Heiraten und so, und es ist doch klar, dass Frauen heute auch arbeiten, Mama macht das doch auch." Sein Vater lächelte. „Ja, da ist deine Generation schon weiter. Mir hat das damals gar nicht gepasst, dass deine Mutter wieder zurückwollte in ihren Beruf. Mir hat das Angst gemacht, obwohl ich immer eine gleichberechtigte Beziehung gewollt hatte. Aber als Kind hat man mir beigebracht, dass es am besten ist, wenn alles so bleibt, wie es ist. Ich meine den Vergleich gar nicht so konkret. Ich hatte gehofft, dass wir durch unsere Erziehung unseren Kindern weniger Angst mitgeben würden, indem wir nicht nur Märchen erzählen, die mit einer Prinzessin auf dem Schloss enden. Aber gegen diese Sehnsucht ist wohl gar nichts zu machen. Ich glaube, dass du gestern aus Überforderung und Angst zugeschlagen hast, und das tut mir Leid. Du hast dir ein Bild gemacht von einer romantischen Liebe, und weder Tanja noch Anne passen in dieses Bild. Niemand passt da rein, übrigens. Mit Tanja hast du deswegen gebrochen, aber das kann so nicht funktionieren, weil ich glaube, dass diese Beziehung dir wirklich wichtig war. Von Anne bist du abhängig, weil sie vielleicht äußerlich dein Bild perfekt verkörpert, aber du nicht verstehst, was für ein Mensch sie eigentlich ist. Und auf das, was du nicht verstehst, bist du eifersüchtig. Mit einer ‚erwachsenen‘ Liebe hat beides nicht zu tun, auch wenn das jetzt altväterlich klingt. Deine Mutter nennt das übrigens immer meine ‚Küchenpsychologie‘, wenn ich so rede. Trotzdem glaube ich, dass da etwas Wahres dran ist." „Kann sein. Aber was würdest du an meiner Stelle jetzt tun?" - „Wenn du wirklich einen Rat willst: Halt unbedingt an deinen Australienplänen fest. Es ist wichtig, solche Träume zu verwirklichen, und das muss man allein machen. Zweitens: Geh zu dem Treffen mit Tanja, du kannst da was rausfinden über dich und darüber, was sie dir bedeutet, und zu verlieren hast du ja nichts. Und bei Anne solltest du versuchen, dich nicht zu klein zu machen. Sie muss dich als das akzeptieren, was du bist, sonst hat das sowieso keinen Zweck."

Sein Vater konnte wirklich ganz in Ordnung sein. Jetzt wollte er Anne anrufen und versuchen, offen mit ihr zu reden. Beim Hinausgehen drehte er sich noch mal um. „Bleibt das immer so kompliziert mit den Frauen?" Sein Vater lachte. „Immer. Frag mich mal. Ich bin bei deiner Mutter durch die härteste Schule gegangen, die du dir vorstellen kannst."

Annes Mutter teilte ihm am Telefon unterkühlt mit, dass ihre Tochter nicht die Absicht habe, mit ihm zu sprechen. Das fing ja großartig an, wie sollte er so die weisen Ratschläge seines Vaters befolgen? Er schrieb eine Karte an Tanja: „Habe deine Nachricht erhalten und werde kommen." Das klang wenigstens nicht nach einem hochromantischen Wiedersehen. Dann rief er Michael an, um sich für die Ereignisse der letzten Nacht zu entschuldigen. „Ist schon okay, Alter, kann ja mal passieren." Warum war das mit Freunden eigentlich immer so einfach?

Den Rest des Wochenendes verbrachte er im Keller. Am Sonntagabend schenkte er seiner Mutter ein selbst gebautes, knallblaues Küchenregal, das zwar nicht ganz rechtwinklig war, aber dafür ziemlich spacig aussah. Sie war gerührt und

NEUBEGINN story

räumte gleich ihre bescheuerten Designerkochtöpfe da rein, über die sich sein Vater immer lustig machte.

Er hatte Schiss vor dem Zusammentreffen mit Anne in der Schule und vor den Kommentaren zu seinem blauen Auge, aber eigentlich ging es ihm wirklich besser. Und wenn er ganz ehrlich war, freute er sich tierisch auf das Treffen mit Tanja.

Anne tat so, als sei er Luft, als er ihr morgens auf dem Schulhof begegnete, und ihre Freundinnen sorgten dafür, dass sich keine Gelegenheit ergab, allein mit ihr zu sprechen. Gut. Er konnte warten. Er hatte eh keinen Bock, ihr sein blaues Auge zu erklären. Seinen Mitschülern versuchte er, eine Heldengeschichte über eine Prügelei mit Skinheads zu verkaufen, aber es gelang ihm nicht, sie wirklich zu überzeugen, zu offensichtlich war die Funkstille zwischen ihm und Anne. „Der musste sich wohl um seine Freundin kloppen, kein Wunder, wenn er sich an Anne ranwagt", hörte er im Vorbeigehen. Nach der Schule ging er in einen Buchladen und guckte sich Reiseführer über Australien an. In einem halben Jahr könnte er die Känguruhs besuchen. Wenn er nicht weiterhin in sündhaft teuren Restaurants essen gehen musste und keiner von ihm verlangte, dass er zu seinem 18. Geburtstag die Vespa gegen ein Auto eintauscht. Sein Vater hatte Recht. Er musste nach Australien. Und zwar allein. Das war wichtiger als alles andere. Das war sogar wichtiger als Anne.

Komisch, was sein Vater ihm da erzählt hatte. Er verstand nicht alles davon. Und er hatte sich nie wirklich Gedanken über die Ehe seiner Eltern gemacht. Es stimmte, dass es vor fünf Jahren ziemlich Stress gegeben hatte, als seine Mutter wieder anfing zu arbeiten. Und es hatte ihn auch selbst genervt, dass er das Mittagessen für sich und seine Schwester auf einmal warm machen musste. Aber seitdem lachte seine Mutter viel mehr. Überhaupt wurde bei ihnen zu Hause viel gelacht. Jeder musste einstecken können, jeder musste sich über sich selbst lustig machen können. Vielleicht war das ein gutes Rezept.

Er wusste nicht, ob er das wollte, heiraten, Familie haben. Mit Tanja wäre es wahrscheinlich darauf hinausgelaufen, wenn sie zusammengeblieben wären. Und mit Anne? Eigentlich hatte er keine Ahnung, wie Anne sich das Leben vorstellte. Stewardess wollte sie werden, ja, aber sonst? Außerdem schien sie im Moment jedenfalls keinen Wert mehr auf eine gemeinsame Zukunft mit ihm zu legen.

Daran änderte auch die nächste Woche nichts. Einmal erwischte er Anne allein, aber sie erwiderte auf seine Frage, ob sie nicht mal in Ruhe reden könnten, nur, dass sie mit Schlägern nicht sprechen würde. Und dass er aufhören solle, bei ihr zu Hause anzurufen und ihre Mutter zu nerven. Jetzt war er also nicht nur ein Arschloch, dem man nicht vertrauen konnte, sondern auch noch ein „Schläger". Am Samstagabend verzichtete er auf das Calvin-Klein-Aftershave. Eine halbe Stunde zu früh stand er vor dem Theater und suchte in der Menge nach Tanja. Mit blauen Haaren. Dabei waren sie gar nicht mehr blau, wie er erleichtert feststellte, als sie vor ihm stand. Nur ein leichter Farbschimmer war noch zu sehen. Sie lächelte

150

story

ihn an. „Schön, dass du gekommen bist." Ihr Lächeln war immer noch zauberhaft, aber es hatte sich verändert. Es kam ihm so vor, als hätte sie das Mädchenhafte, das er an ihr so süß gefunden hatte, verloren. Und irgendetwas anderes war an dessen Stelle getreten. Vor der Vorstellung sprachen sie nicht viel. Und er merkte, wie froh es ihn machte, dass sie nichts von ihm zu erwarten schien. Und dass man so klasse mit ihr schweigen konnte.

„Toren sind's, die von ewiger Liebe schwatzen, Veränderung nur ist das Salz des Vergnügens. Wir hüpfen von Roman zu Romane, wälzen uns von Schlamm zu Schlamm – Du dahin – Ich dorthin", sagte Ferdinand zu Luise, und dann starben die beiden an vergifteter Limonade. Und er verstand, warum Tanja gewollt hatte, dass er mit ihr dieses Theaterstück sah. Und er verstand auch, was sein Vater ihm versucht hatte zu sagen. Ferdinand liebte Luise nicht, er liebte das Bild, das er sich von ihr gemacht hatte. Mit aller Leidenschaft. Und das brachte beiden den Tod. Er hatte weder Tanja noch Anne geliebt, sondern in beiden das Bild, das er sich von der Liebe gemacht hatte. Und deshalb hatte es nicht funktioniert. Weil er es mit Menschen zu tun hatte.

Als sie das Theater verließen, nahm er ihre Hand und sagte „Danke". „Lass uns ins ‚Dizzy's' gehen", schlug sie vor. Er zögerte. Aber dann erzählte er ihr kurz die Geschichte von seinem letzten Erlebnis dort und ließ auch die Schlägerei mit Robert nicht aus. Tanja guckte bestürzt. „Das hätte ich keinem von euch beiden zugetraut", meinte sie. - „Ich auch nicht." Sie beschlossen, einen neuen Laden in der Nähe des Theaters auszuprobieren.

„Ich habe viel Mist gebaut in dem letzten halben Jahr", fing sie an, nachdem sie was zu trinken bestellt hatten, „aber ich habe dadurch etwas kapiert. Ich weiß jetzt, dass das, was wir hatten, etwas Wunderbares war, wunderbar, aber nicht lebensfähig. Und trotzdem werde ich das Gefühl nicht los, dass wir einfach zusammengehören, selbst wenn das Unsinn ist. In der nächsten Zeit wird sich viel verändern in meinem Leben, ich werde als Austauschschülerin für ein Jahr in die USA gehen. Aber ich möchte, dass wir uns danach wiedersehen und herausfinden, ob wir eine Zukunft haben. Wenn du nicht alles zwischen uns vergessen hast."

Sein erster Impuls war, Tanja in die Arme zu schließen. Aber das wäre zu einfach gewesen. Außerdem verlangte sie etwas anderes von ihm. „Ich kann dir nichts versprechen", antwortete er schließlich, „ich muss bestimmte Sachen für mich klären, und das geht nur ohne dich. Aber ich möchte dich wiedersehen, wenn du zurück bist. Vielleicht sind wir dann beide reif für etwas Neues."

Sie tranken aus und gingen. „Ich nehme jetzt ein Taxi", sagte Tanja, und da wollte er sie dann doch nur noch küssen und die letzten Monate einfach vergessen. Aber sie schüttelte den Kopf. „Es ist, was es ist", flüsterte sie ihm zum Abschied ins Ohr.

Er ging zu Fuß nach Hause. Er fühlte sich so glücklich, wie lange nicht mehr. Morgen würde er mit Anne reden, ob sie wollte oder nicht. Morgen …

ENDE

| NEUBEGINN | botschafter |

„ES IST VORBEI"
ICH, TOBIAS, 22

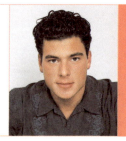

Bittersweet symphony
_Ich habe viel geweint. Dafür braucht man sich auch nicht zu schämen. Ich fände es eher beängstigend, wenn man in einer solchen Situation nicht in ein tiefes Loch fallen würde. Als ich sie kennen gelernt habe, habe ich nicht gewusst, dass es eine so große, lange Liebe werden würde. Aber ich habe auch nicht gewusst, dass die erste große Liebe nicht für immer hält. Und dass jedes Ende einer Beziehung gleichzeitig auch ein Anfang für etwas Neues sein muss ...

Wir sind uns näher gewesen, als ich es mir je vorgestellt hatte. Ob ich je damit gerechnet hatte, überhaupt irgendeinen Menschen so nah an mich heranzulassen? Ich glaube nicht. Fünf Jahre. Ist nicht schwer, sich vorzustellen, was fünf Jahre Beziehung hinterlassen. Und wir waren erst 17. Die Klassenfahrt werde ich nie, nie vergessen. Da war etwas zwischen uns, das ich noch nie erlebt hatte. Kein kurzer Reiz im Bauch, wie wenn man in der Disco ein Mädchen sieht. Es hat sich langsam angeschlichen, dieses „Etwas" zwischen uns, aber dann war es da. Etwas Tiefes, von dem man irgendwie spüren konnte, das ist Liebe. Wir waren sofort zusammen. So lange. Von 17 bis 22, die prägendste Zeit. Ich bin bei ihren Eltern ein und aus gegangen, sie war in meine Familie total integriert. Wir führten fast eine kleine Ehe. Vertrauen, Träume, wir haben alles geteilt. Auch die schlechten Zeiten. Sie hat manchmal Probleme zu Hause gehabt. Dann bin ich für sie da gewesen. Immer. Bedingungslos. Mit allem, was ich hatte. Und sie genauso für mich, wenn ich sie gebraucht habe.

Dann geht deine Beziehung in die Brüche und du bist nicht mehr du selber. Du merkst den Schmerz in den ersten Tagen gar nicht so sehr. Wie in Trance lebst du vor dich hin. Du registrierst es nicht. Das ist ja nicht dein Leben, ohne sie. Und dann redest du dir ein, dass es so besser ist. Schwachsinn, es ist nie besser, wenn eine so lange Beziehung auseinander geht. Es tut immer weh. Da nützt es auch nichts, wenn man froh ist, diese Übergangszeit hinter sich zu lassen, die an einem nagt. Monatelang. Jeden Tag. Wie oft haben wir in der letzten Zeit unserer Beziehung die Sache beendet, wieder angefangen, uns gestritten, uns versöhnt. „Ich kann das nicht mehr, hau ab!" und „Ich kann nicht ohne dich, wir gehören doch zusammen!" Diese Sätze gingen hin und her. Verzweiflung, Hoffnung, Ende, Beginn, Licht und Dunkel.

Das kann man einfach nicht begreifen.

Das verarbeitet man nicht so schnell.

Unter uns: Partys helfen auch nicht wirklich. Du schwebst in einer Euphorie. Du kannst alles machen, ausgehen bis tief in den nächsten Morgen. Mädchen ansprechen, flirten, das Haus rocken. Die Welt ist nicht genug. Aber nach ein paar Wochen sitzt du dann doch alleine zu Hause und denkst an sie. Stellst dir Fragen nach dem Warum, hast aber keine Antworten. Und auch keine Motivation. Leere. Die Erinnerungen überkommen dich. Und was dich umbringt: Es kommen immer nur die guten, die wunderschönen Momente. Es gelingt einfach nicht, an die Dinge zu denken, die die Sache zum Scheitern gebracht haben. Du siehst sie immer lächelnd, du siehst sie immer in Situationen, wo du sie noch mehr geliebt hast als irgendwann sonst. Das kann dich runterziehen. Du scheiterst an der Neuorientierung.

Als sie sich neu verliebt hat, hat das einen noch viel größeren Schmerz in mein Herz gerissen. Sie, mein Leben, meine schönsten fünf Jahre. In den Armen eines anderen. Du solltest dich für sie freuen, wenn sie glücklich ist. Aber du bist unglücklich. Merkt sie das nicht? Das war der letzte, schwerste Keulenschlag. Damit war sie endgültig weg. Nicht mehr bei mir. Es hat lange gedauert, bis wir so etwas wie Freundschaft aufbauen konnten. Aber ich habe gelernt, wenn du dich der Situation stellst, bekommst du es hin. Heute würde ich den Trennungsprozess schneller einläuten. Ich glaube, wenn man sich von heute auf morgen wirklich nicht mehr sieht, arrangiert man sich viel besser mit der ungewohnten Situation. Dieses monatelange Zusammensein und Nicht-Zusammensein hindert dich nur daran, das Kapitel abzuschließen. Und es blockiert dich. Blockiert die neuen Kapitel, die das Leben für dich aufschlägt, und blockiert deine Freundschaft zu ihr, die sehr wertvoll sein kann.

Tobias ist 22. Über ein Casting kam er im Februar zur RTL-Soap „Unter Uns". Seit Ende April ist er dort in der Rolle des Gideon zu sehen.

INFO

NEUBEGINN | schlussstrich ziehen

[should I stay or should I go]

In jeder Beziehung können einmal Probleme auftauchen – früher oder später. Und dann stellt sich die Frage, Kompromisse einzugehen oder diese Partnerschaft zu beenden, denn eine Lösung ist nicht in Sicht. Hier sind fünf Gründe, bei ihm zu bleiben, und fünf Gründe für eine Trennung.

das war ja wieder einmal ein Wochenende! Zuerst hat Anke mit ihrem Freund gestritten, weil er unbedingt mit seinen Kumpels Fußball gucken wollte, aber eigentlich ein Picknick geplant war. Und dann abends in der Disco zog er nur ein langes Gesicht und tanzte nicht einmal! Nee, sie hat die Nase voll von diesem Typen! Anke kann sich gar nicht mehr auf die Schule konzentrieren, hängt täglich mehrere Stunden am Telefon, um mit ihren Freundinnen zu beratschlagen, was zu tun ist. Ihr ganzes Leben, ihre Gedanken drehen sich nur um den Typen, der sie unglücklich macht.

Es ist immer schwer, als Außenstehender eine Beziehung zu beurteilen, auch wenn es sich dabei um die beste Freundin handelt. Schließlich ist man nicht selbst in den Jungen verliebt, hat nicht mit ihm diese romantische Nacht verbracht. Wichtig ist vor allem, dass das Liebeskonto ziemlich ausgeglichen ist. Das heißt, beide geben und beide nehmen. Also sollte Anke nicht so zickig sein und ihn mit seinen Freunden fernsehen lassen, schließlich gibt es dieses Spiel nur einmal, ein Picknick kann man an jedem sonnigen Tag wiederholen. Und wenn er einmal schlecht drauf ist und die Disco öde findet, was soll's – Frauen haben doch auch ihre Launen. Wenn er beim nächsten Treffen mit Kinokarten in der Hand für ihren Lieblingsfilm winkt und anschließend Kuscheln angesagt ist, dann ist ja alles in Ordnung, oder?

Allerdings sollte Anke aufpassen, dass nicht jedes Wochenende von seinen Freunden, dem Fußball und seiner schlechten Laune diktiert wird, denn dann stimmt tatsächlich etwas nicht in ihrer Beziehung. Dann dürfte es mit seiner Liebe zu Anne nicht weit her sein, und das ist ein Grund, die Beziehung zu überdenken.

# [5 Gründe zu bleiben]

Wenn die Interessen verschieden sind oder du dich langweilst
Er macht Sport bis zum Umfallen – täglich. Du hingegen bekommst von Kunstausstellungen und Museen nicht genug. Und wenn ihr euch trefft, langweilst du dich, da die Gemeinsamkeiten fehlen.
blue4you-Tipp:
Kompromisse finden. Du könntest ja auch etwas Sport machen, schadet deiner Figur bestimmt nicht. Außerdem könntest du ihn in die Magie der Kunst einweihen. Wenn du es geschickt machst, wirst du einen interessierten Zuhörer finden.

Wenn seine Freunde dabei sind, verhält er sich dir gegenüber anders
Wer kennt sie nicht, die selbst ernannten Machos! Zu Hause, mit dir alleine, Kuscheln und romantisches Liebesgeflüster, aber wehe, seine Kumpels sind dabei. Da wird die große Lippe riskiert, man gibt sich ganz unnahbar und megacool.
Nur keine Blöße vor den Freunden zeigen, denn wer will schon als Weichei bezeichnet werden.
blue4you-Tipp:
Sieh am Anfang einer Beziehung darüber hinweg, Frauen sind eben diplomatischer und klüger. Allerdings solltest du mit ihm reden, wenn sich sein Machogehabe über Monate hinzieht. Sag ihm einfach, dass auch Männer in Gesellschaft Gefühle zeigen dürfen, er wird dafür von seinen Kumpels bewundert!

Wenn er zu wenig Zeit für dich hat
Ein Mann, ein richtiger Mann muss sich beweisen: Im Sport, im Job oder in der Schule und bei seinen Hobbys. Da bleibt oft wenig Zeit für die Freundin, denn auch für ihn hat der Tag nur 24 Stunden, und Skaten, Mountainbiken, Motorradreparieren, Klavierstunde und die ewigen Besuche bei der Großmutter verschlingen viel Zeit.
blue4you-Tipp:
Mach ihm klar, dass auch du ein fester Bestandteil seines Lebens bist und er sich auch um dich kümmern sollte. Vereinbar fixe Stunden bzw. Tage, an denen ihr euch seht.

| NEUBEGINN | schlussstrich ziehen |

Wenn deine Freundinnen ihn blöd finden
Du bist über beide Ohren verliebt, erzählst alle Einzelheiten eurer Treffen deinen Freundinnen, die schon sehr gespannt sind, ihn endlich kennen zu lernen. Dann ist es so weit und die blöden Hühner finden ihn gar nicht prickelnd, sondern nur doof, pickelig und kindisch.

blue4you-Tipp:
Liebst du ihn oder sollen ihn deine Freundinnen lieben? Gott sei Dank sind die Geschmäcker in puncto Männer verschieden. Wenn dein Herz für ihn schlägt, dann ist er der Richtige – vielleicht sind ja deine Freundinnen doof und unreif?

Wenn er zu wenig romantisch ist
Du liegst stundenlang auf deinem Bett und hörst dir euer Lied an, dein Tagebuch quillt über vor Herzensergüssen und Liebesschwüren. Doch wenn du ihn triffst und kaum an dich halten kannst, weil du so verliebt bist, schlägt er vor, zum Fußball zu gehen. So hast du dir bestimmt nicht den Samstagnachmittag mit ihm vorgestellt. Kerzenschein findet er blöde und Händchenhalten sei kindisch.

blue4you-Tipp:
Sprich mit ihm darüber, viele haben noch nicht ihre romantische Ader entdeckt, aber es gefällt jedem Mann. Du kannst ihn ja einmal zu einem Picknick einladen.

[5 Gründe, die Beziehung zu beenden]

Wenn er dich betrogen hat oder vor deinen Augen mit anderen flirtet
Wenn er dich betrogen hat und es dir erzählt hat, will er nur die Absolution dafür. Er kränkt dich und nimmt die Tatsache, dass du ihm verzeihst, womöglich als Freibrief, wieder einmal zur Seite zu springen. Hast du hingegen sein Fremdgehen von anderen erfahren, stell ihn zur Rede und hör auf deine Gefühle, ob du ihm tatsächlich verzeihen kannst. Allerdings mach mit ihm sofort Schluss, wenn er in einer Disco oder wo auch immer vor deinen Augen mit anderen Mädels flirtet. Was macht er wohl dann, wenn du nicht dabei bist?

Wenn er zu viel Alkohol trinkt und Drogen nimmt

Du hast dich auf das Wochenende gefreut, ihr seid auf einer Party eingeladen, doch leider hast du von deinem Freund nicht viel, denn er liegt betrunken in einer dunklen Ecke. Super, genau so hast du dir den Abend gewünscht. Okay, das kann jedem einmal passieren, aber wenn für ihn zum Feiern unbedingt Alkohol in rauen Mengen und Drogen dazu gehören, dann mach sofort Schluss. Denn wer will schon mit einem Mann zusammen sein, der seine fünf Sinne nicht beisammenhat und sich nur in anderen Sphären befindet?

Wenn deine Probleme ihn nicht interessieren

Wer kennt sie nicht, die Probleme mit den Eltern, in der Schule, im Job, mit den Freunden und einfach mit dem Erwachsenwerden. Das alles ist normal. Und du solltest auch darüber reden. Hört dir dein Freund aber nicht zu, wenn du ihm dein Innerstes öffnest, zuckt er nur mit den Schultern oder schaltet die Musik lauter, dann geh. Verlass ihn, denn diese Ignoranz hat mit Liebe nichts zu tun.

Wenn er von deinem Geld lebt

Das Taschengeld ist immer zu knapp, doch dafür kann man jobben gehen oder den Eltern vielleicht erklären, dass schließlich alles teurer wird. Ist er einmal knapp bei Kasse, ist das kein Thema, da kannst du schon mal bezahlen. Doch hat er immer zu wenig Geld bei sich, es vergessen oder eine tolle Ausrede parat, aber trotzdem die neuesten CDs am Start und schicke Klamotten an, dann will er eigentlich nicht dich, sondern dein Geld. Und, bitte, welche Frau hält einen Mann aus, auch nicht in Zeiten der Emanzipation.

Wenn er dich zu dick findet

Okay, okay, in den letzten Wochen hast du einige Pfunde zugelegt, aber das kann jedem einmal passieren. Das ist allerdings kein Grund, dass er dich immer wieder mit schlanken Frauen vergleicht, dir in den Ohren liegt, wie dick du bist, und demonstrativ die magersüchtigen Models auf den Zeitungscovern anhimmelt. Soll er sich doch eine dürre Zicke nehmen. Denn mit seiner Liebe zu dir kann es nicht weit her sein – was ist denn mit den inneren Werten! Verlass ihn sofort und such dir einen Mann, der die Erotik eines Bäuchleins schätzt.

[freunde fürs leben]

ich war total in Nicco verliebt. Und wir waren endlich ein Paar! Tagelang saß ich auf Abruf zu Hause und habe darauf gewartet, dass er anruft. Mit Freunden habe ich mich kaum noch verabredet, weil ich keine Gelegenheit verpassen wollte, Zeit mit ihm zu verbringen." Christine, 19, Arzthelferin aus Lübeck, war ein halbes Jahr mit ihrer großen Liebe Nicco zusammen. „Und plötzlich war alles vorbei. Er hatte sich in eine andere verliebt!", erzählt Christine und muss immer noch bei der Erinnerung daran schlucken.

„Ich fühlte mich auf einmal ganz allein. Und da wurde mir langsam klar, wie sehr ich meine Freunde die ganze Zeit vernachlässigt hatte und wie sehr ich sie vermisste." Klar, gerade wenn du frisch verliebt bist, möchtest du jede freie Minute mit deinem Liebsten verbringen. Die Freunde rücken dann erst einmal in den Hintergrund. Aber wenn die Beziehung zu Ende geht, merkst du, wie sehr du deine Freunde eigentlich brauchst. Gerade am Anfang ist es dann natürlich schwer, wieder auf die anderen zuzugehen. Du hast ein schlechtes Gewissen und denkst, sie wollen nichts mehr von dir wissen. Monika Steininger, die Leiterin des Hamburger Kinder- und Jugendtelefons, kennt die Nöte von Jugendlichen sehr gut: „Oft ist es den Mädchen unangenehm, sich nach so langer Zeit wieder bei ihren Freundinnen zu melden. Aber die meisten haben Verständnis dafür, dass die andere sich erst einmal zurückgezogen hat."

Und wenn sich deine Freunde nicht sofort nach deinem Anruf zurückmelden, heißt das ja nicht, dass sie dich nicht mehr mögen. Sie haben bloß – während du auf Wolke sieben geschwebt hast – ihr eigenes Ding gemacht.

Jetzt solltest du ein bisschen Initiative zeigen und vielleicht auch ein paar Mal hintereinander anrufen, um deinen Freunden zu zeigen, dass sie dir wirklich wichtig sind. Und du wirst sehen: Ganz schnell ist alles wieder wie vorher. Denn das ist ja das Tolle an Freunden: Sie nehmen dich so, wie du bist, und verzeihen dir deine Fehler. Auch wenn du dich mal eine Weile nicht gemeldet hast. Und nichts hilft besser gegen Liebeskummer als eine durchfeierte Nacht mit Freunden, ein gemütlicher Videoabend oder eine durchquatschte Nacht mit der besten Freundin.

Der Bund der drei: Kati (links) und Adriana bauen ihre Freundin Naima (Mitte) nach der Trennung wieder auf. Jedenfalls fürs Foto.

die beste freundin

Sie ist immer für dich da. Deine beste Freundin. Mit ihr kannst du lachen und weinen, albern sein und nachdenklich. Sie versteht dich, auch wenn dir mal die Worte fehlen. Gerade in Krisenzeiten merkst du, dass sie unersetzlich für dich ist: Egal ob nachts um drei Uhr oder morgens um sieben, sie ist immer für dich da. Sie gibt Ratschläge und Tipps. Oder nimmt dich einfach nur in den Arm. Und schon fühlst du dich ein bisschen besser.

Monika Steiniger, selbst Mutter einer 13-jährigen Tochter, bestätigt: „Gerade wenn eine Liebe kaputtgeht, wird die beste Freundin wieder enorm wichtig. Um sich auszusprechen, sich ablenken zu können und darüber auch neue Kontakte zu knüpfen."

So war es auch bei Tanja aus Köln. Fast ein Jahr war die 18-Jährige mit Steffen zusammen. Vor zwei Monaten ist die Beziehung in die Brüche gegangen. „Als er Schluss gemacht hat, dachte ich, ich muss sterben. In mir drinnen hat es total gezogen und ich hatte das Gefühl, ich ertrage es einfach nicht. Ich habe sofort bei meiner besten Freundin Simone angerufen. Ich konnte nur sagen: 'Es ist aus!' Dann habe ich angefangen zu heulen, und wenig später stand sie mit einer riesigen Packung Tempos vor meiner Tür. Die erste Zeit danach war wirklich nicht einfach und ohne Simone hätte ich das nicht geschafft!"

Deshalb ist es so wichtig, dass du deine beste Freundin nicht vergisst – auch wenn du gerade im siebten Himmel schwebst. Verliebtheit geht leider oft schnell vorbei, deine beste Freundin hast du manchmal dein Leben lang!

NEUBEGINN   nach der trennung

[rosen für den ex]

Es ist Schluss und du bist erleichtert. Und irgendwie heilfroh, dass du endlich drüber weg bist.

Zugegeben, vor ein paar Wochen warst du kurz davor, ihm eine Szene zu machen, oder? Immerhin hat er mit dir Schluss gemacht zu einer Zeit, als du noch wahnsinnig in ihn verliebt warst. Warum? Das steht auf einem ganz anderen Blatt. Worum es jetzt geht, ist, wie es mit euch weiterläuft. Okay, traurig seid ihr sicher beide. Ihr seid ja auch eine Zeit zusammen gewesen, da ist es nie leicht, sich zu trennen. Und jetzt? Du glaubst, du bist ihm gleichgültig? Befürchtest, dass es keine zwei Wochen dauern wird, bis er eine neue Freundin hat? Dass er ein mieser, gefühlskalter Typ ist? Vielleicht irrst du dich und er muss auch noch ganz schön oft an dich denken. Wie es dir geht, ob du klarkommst. Du kennst ihn doch ein bisschen, oder?

Rachegedanken bringen dich nun auch nicht weiter. Was, du glaubst, es würde helfen, wenn du so richtig zurückschlägst? Ihm wehtust? Im Gegenteil. Rache lässt dich verbittert und unglücklich werden. Vergiss nicht, es entsteht immer bei beiden ein Loch, wenn eine Beziehung zu Ende geht. Aber noch ist nicht alles vorbei, denn daraus kann auch etwas Neues entstehen. He, denk jetzt bloß nicht, dass das doch alles nur Gerede ist:

Die Story von der Freundschaft, die man findet, wenn die Liebe zerbrochen ist. Wie sollst du bloß ein platonisches Verhältnis mit dem Typen führen, in den du einmal so verknallt warst? Das erscheint dir total unmöglich. Und es ist ja auch schwer. Wenn du jetzt viel Zeit brauchst, um deine Gefühle neu zu sortieren, dann nimm sie dir. Aber am besten wird es dir doch irgendwann damit gehen, wenn du ihm wieder ganz normal begegnen kannst.

Und diese Geschichten von platonischen Freundschaften passieren wirklich. Du musst nur ein bisschen nachhelfen.

Manuel erzählte uns, dass es ihm ganz wichtig gewesen sei, mit Ragna auch nach der Trennung weiter befreundet zu sein. Sie war seine erste große Liebe, eineinhalb Jahre war er mit ihr zusammen. Klar, dass man da nicht einfach alles ausknipst, was einmal war, oder? „Wir sind heute echte Freunde", doch das war bei den beiden nicht sofort klar: „Es hat ne Weile gedauert, aber dann ging es. Ich wusste, dass sie von mir total enttäuscht war, und deshalb habe ich mich erst nach einer längeren Pause getraut, mich wieder zu melden." Warum Manuel dann doch wieder ankam, fragst du dich? Weil Ragna ihm mehr bedeutet hat, als er dachte. So sind Jungs manchmal.

Manuel und Ragna: ihr Protokoll auf S. 68

NEUBEGINN — nach der trennung

Da glaubst du, du seist ihm völlig egal, so nach dem Schema: Aus den Augen, aus dem Sinn? Nein, dein Ex-Lover macht sich noch richtig viele Gedanken über dich. So wie Manuel, der Ragna anrief, um den Kontakt weiter zu pushen.
„Sie hätte sich sonst erst mal zurückgezogen. Aber dazu habe ich ihr keine Gelegenheit gegeben. Außerdem waren wir ja auch alle mal eine Clique. Wir hatten die gleichen Freunde, es wäre eine echte Katastrophe gewesen, wenn wir uns aus dem Weg gegangen wären. Die ganze Zeit über habe ich mir gewünscht, dass sie einen neuen Typen kennen lernt. Dass sie sich wieder verliebt."
Und das wird irgendwann passieren. Verlass dich drauf. Dann kannst du den Neustart in die Freundschaft mit deinem Ex wagen, ohne ihm hinterherzutrauern und die alten Zeiten zu vermissen.
Auch für ihn ist es hart, wenn du unglücklich bist. Stoß ihn nicht zurück, wenn er dir zeigt, dass er noch etwas von dir will. Auch wenn es nicht mehr das ist, was ihr einmal hattet. Selbst wenn du etwas ganz Besonderes verloren hast, das du nie wieder zurückbekommst, hast du jetzt die Möglichkeit, eine Freundschaft zu ihm aufzubauen. Schließlich begegnet man nicht jeden Tag einem Typen, mit dem man auf gleicher Wellenlänge liegt, oder?

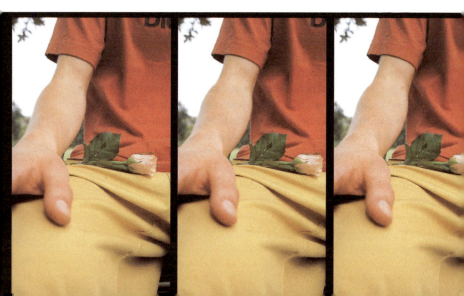

Und wenn er nicht will? Wenn er so tief verletzt ist, dass er es nicht aushalten würde, wenn ihr euch wie Freunde begegnet. Wenn er es nicht aushält, so zu tun, als wäre da nie etwas gewesen zwischen euch? Dann musst du ihm Zeit geben. Stefan zum Beispiel brauchte eine Ewigkeit, bis er die Trennung von Bine verwunden hatte.

> „Jedes Mal, wenn ich sie traf, gab es mir einen Stich. Ich sah sie, sprach mit ihr und wollte doch nichts lieber, als sie in die Arme nehmen."

Alles hätte er zu dem Zeitpunkt dafür gegeben, wenn Bine zu ihm zurückgekommen wäre. Aber sie wollte nicht. Stefans Freunde halfen ihm über die schlimmste Zeit hinweg, und irgendwann konnte er es auch wieder ab, als Bine sich bei ihm meldete. „Sie war total süß, als sie mich anrief. Ich habe gespürt, dass auch sie traurig ist. Sie sagte mir, dass sie glücklich sei, wenn wir das miteinander irgendwie auf die Reihe kriegen würden. Das hat mir geholfen. Ich wusste: Du bist ihr nicht gleichgültig, und das hat mich aufgebaut. Von da an telefonierten wir öfter." Wenn das erste Eis gebrochen ist und er dir signalisiert, dass es okay ist, wenn ihr euch trefft, dann unternimm einen Versuch.

Es gibt viele Arten, ihm zu zeigen, dass er dir noch wichtig ist. Verabredet euch, aber vielleicht vermeidest du es, ihn an eurem alten Lieblingsplatz zu treffen. Und du solltest auch nicht so gedankenlos sein und ausgerechnet eure CD auflegen, wenn er dich besucht: Die Songs, die ihr immer zusammen gehört habt, würden ihn doch nur an längst Vergangenes erinnern. Mach es ihm nicht zu schwer. Und wenn du dich wieder verliebt hast, nimm Rücksicht auf seine Gefühle. Du brauchst ihn nicht anzulügen und sollst auch nicht verschweigen, dass du glücklich bist. Aber vergiss darüber nicht seine Emotionen. Dann habt ihr eine echte Chance, etwas aus eurer neuen Situation zu machen. Was aber, wenn du selbst nicht darüber hinwegkommst, dass ihr euch getrennt habt?

Wenn du ihn nicht vergessen kannst? Dann findest du vielleicht im Kapitel „Komm zurück zu mir" auf den nächsten Seiten ein paar Tipps, wie es dir gelingt, deinen Ex wieder zu verzaubern ... Wer weiß?!

NEUBEGINN sehnsucht nach ihm

[komm zurück zu mir]

_Deine Sterne stehen günstig.
Venus im Sternzeichen Waage
sorgt für himmlische Stunden:
Du wirkst anziehend, sexy und
in deiner Beziehung schwebst
du auf Wolken ...

W ie bitte", denkst du und liest dein Horoskop gleich noch einmal. „Das kann doch nicht wahr sein." Da verspricht dir dein Monatshoroskop ein Liebesleben vom Allerfeinsten, aber er hat dir gerade dein Herz gebrochen? Du schlägst das nächste Magazin auf. Es kann ja nicht schaden, sich noch einmal zu vergewissern. Was steht da: „Mars macht dich kämpferisch und am Ende des Monats beschert dir die momentane Sternenkonstellation erotische Abenteuer." Okay, da war wohl ein Hobby-Astrologe am Werk. Der von deinem Seelenleben und den Sternstunden jedenfalls null Ahnung hat. Sonst wüsste er doch, dass dir Liebe und Sex erst vor wenigen Tagen abhanden gekommen sind. Aus und vorbei. Denn er hat Schluss gemacht.

Und das, obwohl dein Liebesbarometer laut Horoskop ein fantastisches Hoch verzeichnen müsste. Am liebsten möchtest du dich verkriechen. Aber du kannst ihn nicht vergessen und weißt, du musst etwas tun. Denn über diesen Jungen einfach so hinwegzukommen, ist wirklich zwecklos. Warum? Weil das, was ihr zusammen hattet, einmalig war. Wenn du ihn noch liebst, wird dich dein Gefühl niemals in Ruhe lassen. Na schön: Vielleicht gibt es einen Weg, ihn zurückzugewinnen. Wie war das doch noch gleich? Mars macht dich stark? Versuch es, gib nicht auf.

164

Kämpf um deine Liebe

Sara hatte ihre große Liebe verloren. Manuel verließ sie vor ein paar Tagen und übrig blieb der bohrende Schmerz, wenn sie heute an ihn zurückdenkt. Und all die Fragen, denn den Grund für seinen Rückzug kann sie nicht verstehen.

Was mag wohl in dem Jungen vorgehen?

„Ich war mir eben nicht mehr sicher", versucht Manuel seine Gefühle wieder auf die Reihe zu bekommen. „Mir war alles zu viel. Ob ich sie noch liebe? Das musste ich erst wieder spüren können. Ich habe einfach mehr Space für mich selbst gebraucht."

Wenn ein Junge verunsichert ist, kann es schon mal sein, dass er sich so verhält. Er macht Schluss, weil er erst einmal wieder den Durchblick finden muss.

In ihm laufen alle Gedanken durcheinander. Vielleicht wart ihr zu viel zusammen? Gib ihm ein bisschen Zeit, denn wenn du ihn unter Druck setzt, bewirkst du nur das Gegenteil. Manuel zum Beispiel hatte sich nach der Trennung von Sara lange nicht bei ihr gemeldet. Viel zu lang für ihren Geschmack jedenfalls. Aber diese Zeit brauchte er, um für sich herauszufinden, was zählt. Was mit seinen Gefühlen los war, beschreibt der Rapper in einem Gedicht.

```
Die erste Beziehung, die jeder erlebt.
Dieses Gefühl Liebe, welches niemand versteht.

Du schnalltest zu eng den Gürtel der Liebe,
doch ich brauche mehr Freiheit,
mehr Raum für meine Triebe.

Als wärest du eine Wolke –
wolltest die Sonne für dich behalten,
sie verdecken.

Siehst du sie schon?
Die ersten Flecken des leuchtenden Lichtes?

Sie kommen hervor und du musst erkennen,
du hast dir Unmögliches vorgenommen.

Jetzt ist es vorbei, bitte versuch zu verstehn.
Aber ich brauche auch Zeit,
meine Freunde zu sehn.
```

NEUBEGINN sehnsucht nach ihm

Eines aber merkte Manuel dann doch in der Zeit ohne Sara: Dass sie ihm fehlte und dass er sie immer noch liebt. Und zum Glück war noch nicht alles zu spät, denn sie kam wieder auf ihn zu. Moment mal, das kommt dir bekannt vor? Wenn du noch eine Chance für eure Beziehung siehst, dann steck nicht den Kopf in den Sand. Verbarrikadier dich nicht hinter der Traurigkeit, sondern kämpf!
Aber erst dann, wenn ihr beide Zeit hattet, wieder einen klaren Kopf zu bekommen. Er braucht vielleicht einfach diesen Abstand, um von vorn beginnen zu können. Und vielleicht wartet er schon auf einen Anstoß von dir? Mach den ersten Schritt. Schließlich kannst du es am besten einordnen, wie er sich dir gegenüber verhält, nachdem ihr eine Zeit lang getrennt wart. Er flirtet mit dir und dabei knistert es wie früher zwischen euch? Das könnte der passende Augenblick sein. Wenn du diese Signale richtig deutest, kannst du deine Chance ergreifen. Gewinn ihn zurück. Lina zum Beispiel machte genau das Richtige.

Als Luis sie nach acht Monaten Zusammensein sitzen ließ, war sie erst völlig verzweifelt. Er stand eines Tages vor ihr und knallte ihr seinen Entschluss an den Kopf: Luis sprach davon, Zeit für sich zu brauchen. Und auch darüber, dass da noch jemand anderes sei. Sie war viel zu überrumpelt, um ihm das Richtige zu antworten. Nicht im Traum fiel Lina in dem Moment ein, ihm zu zeigen, wie sehr sie bereit wäre, um ihn zu kämpfen.

Find heraus, was euch wichtig war

Lass dich nicht davon abschrecken, wenn da ein anderes Mädchen auftaucht. Schließlich habt ihr doch fantastisch zusammengepasst, oder? Darum geht es jetzt und auch darum, dieses ganz besondere Gefühl wiederzufinden. Du hast selbst schon eine Weile gespürt, dass es zwischen euch nicht mehr so ist, wie es sein sollte? Dass ihr viel zu häufig zusammen wart? Dann unternimm etwas. Denn mal ehrlich: Wir machen alle mal diesen Fehler. Wir hängen uns in unsere Beziehung zu sehr rein, um dann – zu spät? – realisieren zu müssen, was dabei auf der Strecke blieb. Doch vergiss eines nicht: Wenn dein Gefühl für den anderen noch stimmt, dann ist noch lange nicht alles vorbei! Auch wenn es auf den ersten Blick so aussehen mag.

Lass eure Beziehung Revue passieren

Vermeide es, dich selbst zu betrügen. Nimm dir lieber etwas Zeit, um Revue passieren zu lassen, was in eurer Beziehung besonders schön und ungewöhnlich war. Dann kommt die Lust, den anderen wiederzusehen, von ganz alleine. Denn so eine Trennungsphase lässt die Sehnsucht wachsen. Dieses tolle Gefühl, den anderen zu vermissen.

Das ist eure Chance, euch Raum zu geben. Und du wirst erfahren, ob er dich ebenfalls vermisst und ob du in seinem Leben fehlst. Du willst, dass er zu dir zurückkommt? Warum? Find heraus, was du anders machen willst. Und was das Einzigartige zwischen euch ausmacht. Ihr konntet doch so wunderbar miteinander reden. Und wenn ihr übers Wochenende reiten wart oder zusammen auf einem Openair-Konzert, dann war euer Glück vollkommen. Na, dann weißt du doch schon genau, was es wiederzufinden gilt. Aber wenn du ihn wirklich zurückgewinnen willst, dann verzichte auf taktische Spielchen. Du willst doch auch, dass eure Beziehung dieses Mal besser läuft, nicht wahr?

Lina zum Beispiel machte ihrem Ex-Freund klar, wie viel ihr an ihm liegt. Doch erst, nachdem sie ihn einige Wochen weder angerufen noch gesehen hatte. Sie hatte Glück, denn er hatte längst die Nase voll von den Wochen ohne sie. Auch das andere Mädchen war schon vergessen und als Lina wieder auf der Bildfläche auftauchte, war Luis total glücklich. Die 19-Jährige hat jedenfalls begriffen, um was es jetzt geht. Die Fehler, die sie in der Beziehung mit Luis gemacht hat, sind ihr in der vergangenen Zeit klar geworden. Und die will sie auf keinen Fall wiederholen, so viel ist sicher. Die beiden nutzen ihre zweite Chance und schauen jetzt immer mal wieder in sich hinein. Dann fragen sie sich, wie es läuft. Wie es mit den eigenen Wünschen und denen des anderen aussieht. Wenn du es so anstellst wie diese zwei, dann zeigst du deinem Süßen, dass du euer Glück nicht den Sternen-Konstellationen überlässt. Du wirst eure Beziehung nicht einfach nur laufen lassen.
Und diesmal wirst du es mit ihm zusammen schaffen. Das werden unvergessliche Sternstunden für euch beide.

FOTOS_Caroline Marti und Thomas Rusch
FASHION DIRECTOR_Brigitte Magaretha Wilhelm
MAKE-UP & HAIR_ Steffen Zoll
MAKE-UP & HAIR ASSISTENZ_Astrid von der Kamers
STYLING ASSISTENZ_Astrid Lafos
LOCATION_Aplanat Studios Hamburg
AUSSTATTUNG_Joop!, FKK, Fielmann

[beauty]

Paule strafft ihr Dekolleté mit Wechselbädern: heiße Umschläge und Eiswürfel im Wechsel. Da beschlägt Luke doch gleich die Brille.

Das ist Luke und er trägt Joop und eine Bronzing-Lotion (Bodyglow von Nars). Da wird Paule wild: Spezielle Haarlotions machen krause Haare glatt (Get it Straight von Sebastian).

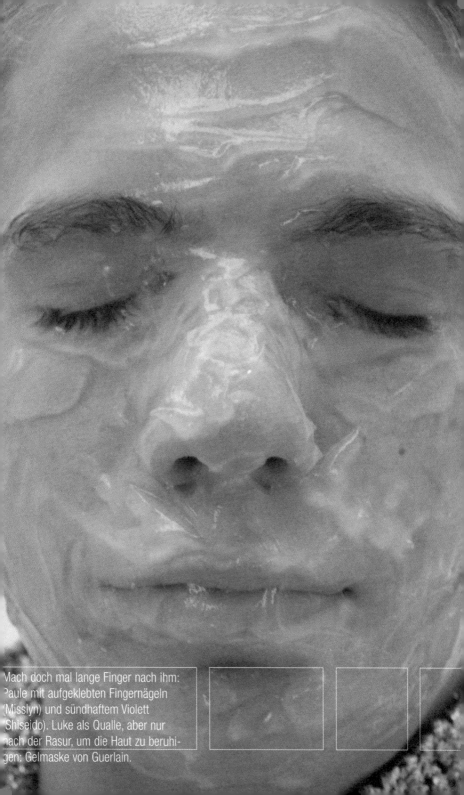

Mach doch mal lange Finger nach ihm:
Paule mit aufgeklebten Fingernägeln
(Misslyn) und sündhaftem Violett
(Shiseido). Luke als Qualle, aber nur
nach der Rasur, um die Haut zu beruhi-
gen: Gelmaske von Guerlain.

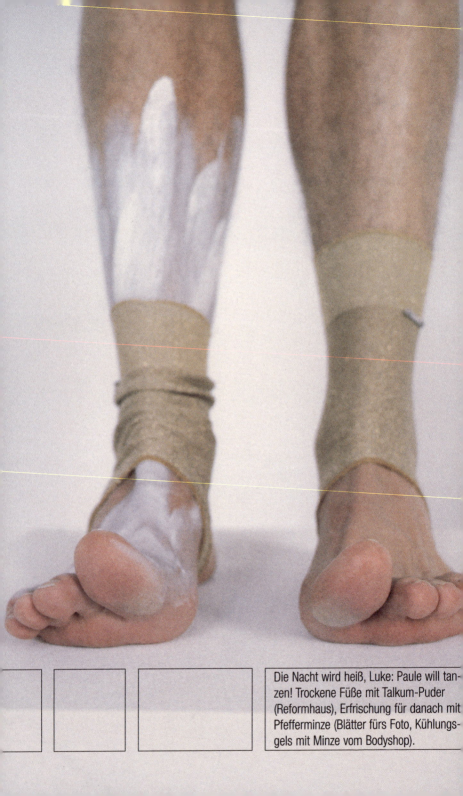

Die Nacht wird heiß, Luke: Paule will tanzen! Trockene Füße mit Talkum-Puder (Reformhaus), Erfrischung für danach mit Pfefferminze (Blätter fürs Foto, Kühlungsgels mit Minze vom Bodyshop).

[fin

aer]

[liebe und gefühl]

Der Vorleser - Bernhard Schlink, Diogenes, 7,90 €
Tipp von Botschafterin Grit / ALL ABOUT EVE

Der fünfzehnjährige Michael lernt Hanna, eine Frau von Mitte dreißig kennen. Sie wird seine erste Liebe. Die Beziehung zwischen dem Schüler und der Analphabetin endet abrupt, als Hanna eines Tages plötzlich verschwindet. Nach Jahren sieht er sie wieder – als Angeklagte in einem Nazi-Prozess.

„Der Vorleser" ist eine wunderschön geschriebene Liebesgeschichte. Stellenweise ist das Buch so spannend, dass ich es gar nicht mehr aus der Hand legen wollte. Der Roman ist eine wirklich gelungene Mischung aus historischem Roman, spannender Kriminalgeschichte und romantischer Liebesgeschichte.

Die Elfen von New York - Martin Millar, dtv, 8,90 €
Tipp von Botschafter Sebastian / ALL ABOUT ADAM

Zwei schottische Distelfeen sind auf der Flucht versehentlich nach New York geraten. Die eine landet bei einem ewig missgelaunten New Yorker, die andere bei der Frau, in die der muffelige Einzelgänger schon lange heimlich verliebt ist. Natürlich sind etliche Turbulenzen die Folge, die nicht zuletzt dadurch hervorgerufen werden, dass die beiden Elfen ihre beiden „Vermieter" miteinander verkuppeln wollen ... „Die Elfen von New York" war das erste Buch seit meiner Kinderzeit, das sich mit Elfen und anderen wundersamen Wesen beschäftigt. Seitdem üben diese fremden Welten eine absolute Faszination auf mich aus. Besonders schön finde ich die Vorstellung, dass sich Elfen genauso verhalten wie pubertierende Teenager – vielleicht sogar noch schlimmer! Außerdem ist das Buch witzig geschrieben – schon beim Lesen der ersten Seite habe ich Tränen gelacht.

Herzkasper - Rainer Neutzling, rororo, 7,90 €
Tipp von Botschafter Manuel H. / ALL ABOUT ADAM

„Herzkasper" ist eine Dreiecksgeschichte unter Jugendlichen. Die zwei Freundinnen Viola und Laura lernen unabhängig voneinander den 17-jährigen Micha kennen und verlieben sich beide in ihn. Die Freundschaft wird auf eine harte Probe gestellt, als Viola sich zwischen den beiden entscheiden muss. Nach zahlreichen Krisen nimmt die Geschichte dennoch einen guten Verlauf, und am Schluss wird klar: Wahre Freundschaft übersteht auch die größten Krisen.

Ich habe „Herzkasper" von meinem Großvater zum Geburtstag bekommen. Zuerst hatte ich gar keine Lust, es zu lesen, fand es „unmännlich", Liebesgeschichten zu lesen. Aber dann war ich total begeistert. Ich hatte von Anfang an das Gefühl, da erzählt mir jemand etwas, was mich persönlich angeht, was mir genauso passieren könnte. Ich denke, das Buch hat mich sehr viel offener für Themen wie Liebe und Sexualität gemacht. Und trotzdem ist es keinen Moment besserwisserisch oder altklug, sondern wunderschön, oft witzig und manchmal auch ganz traurig geschrieben.

Der Strand - Alex Garland, Goldmann, 8,00 €

Tipp von Botschafter Johannes / ALL ABOUT ADAM

„Der Strand" handelt von einem jugendlichen Rucksackreisenden in Thailand. Richard, ein englischer Traveller bekommt in Bangkok von einem mysteriösen Mann eine handgezeichnete Karte. Zusammen mit zwei anderen Travellern macht sich Richard auf, das auf der Karte eingezeichnete Paradies zu finden. Der Weg dorthin ist extrem beschwerlich, und was sie dort antreffen, übertrifft all ihre Erwartungen. Ich habe „Der Strand" gelesen, während ich selbst auf Reisen war. Aus diesem Grund konnte ich mich sehr gut in Richard, in das, was er denkt und fühlt, hineinversetzen. Die Reise als Suche nach etwas, als Sehnsucht nach unberührten Paradiesen. Außerdem ist „Der Strand" wahnsinnig spannend: Hat man erst einmal damit angefangen, mag man es kaum mehr aus der Hand legen.

Aus tiefstem Vergessen - Patrick Modiano, Hanser, 14,90 €

Buchtipp von Botschafterin Imke / ALL ABOUT EVE

Ein Mann erinnert sich. In der Metro sieht er eine Frau, die vor dreißig Jahren seine Jugendliebe gewesen sein könnte: Jacqueline. Diese Frau, Gérard und der Ich-Erzähler des Buches begegneten sich im Quartier Latin des Winters 1964/65. Jacqueline hat eine Leidenschaft fürs Schnüffeln aus Ätherflaschen, ist die Geliebte von Gérard und wird die des Ich-Erzählers – bis er sie verliert, an ihre Träume vom sonnigen Nichtstun am Mittelmeer. Jetzt, dreißig Jahre später, glaubt er, sie wiederzuerkennen. „Aus tiefstem Vergessen" mit seinen Erinnerungen an eine unbeschwerte Jugend, die wohl nur im Rückblick sorglos erscheint, in Wirklichkeit aber belastet ist von einer undefinierbaren Traurigkeit, hat mich sehr lange beschäftigt. Es hat mir gezeigt, dass in unserer gegenwartsversessenen Zeit ein Reichtum in der Fähigkeit zur Erinnerung liegt – ein Stück Individualität.

Romeo und Julia - William Shakespeare, Reclam, 2,60 €

Tipp von Botschafterin Amela / ALL ABOUT EVE

Romeo und Julia lieben sich, zwischen ihren Familien herrscht jedoch seit Generationen eine Blutfehde. So dürfen sie sich nicht sehen und erst recht nicht zusammenkommen. Trotz aller Widrigkeiten heiraten die beiden jedoch heimlich und schwören sich ewige Liebe. Durch einen unglücklichen Zufall entsteht ein derartiges Missverständnis, dass sich beide Protagonisten das Leben nehmen. So sind sie zumindest im Tode vereint und schaffen durch ihren Tod eine Brücke zwischen den verfeindeten Familien. Was mich an dem Buch am meisten berührt hat, ist, dass die Geschichte immer noch aktuell ist. Auch in der heutigen Zeit gibt es Liebende, die durch gesellschaftliche oder familiäre Ignoranz nicht zusammen sein können.

Stein und Flöte und das ist noch nicht alles - Hans Bemmann, Piper, 11,95 €

Tipp von Botschafter Luke / ALL ABOUT ADAM

Lauscher hat das Talent, Flöte zu spielen. Und die Macht, Menschen dadurch zu berühren. Somit lässt er sie „nach seiner Pfeife tanzen".
Dieses poetische Buch beschreibt die Grenzen seiner Macht: Als Lauscher seine Kräfte missbraucht, wird er zur Strafe zu Stein verwandelt. Erst die Macht der Liebe, das Verständnis einer schönen Frau, kann ihn befreien.

FINDER adressen

[telefonberatung]

„Die Nummer gegen Kummer"
Kinder- und Jugendtelefon des
Deutschen Kinderschutzbundes
(Bundesweite Sondernummer bei
allen Sorgen und Problemen,
ob mit Schule, Eltern, Freund oder
Freundin)
Tel.: 0800 / 111 03 33 oder
Tel.: 0130 / 81 11 03
In einigen Städten beraten immer
samstags von 15.00 bis 19.00 Uhr
Jugendliche Jugendliche am
Kinder- und Jugendtelefon.
(u.a. in Bonn, Kiel, Lüneburg und
Wiesbaden)

Telefonseelsorge
Tel.: 0800 / 111 01 11 oder
Tel.: 0800 / 111 02 22

Aidshilfe
Anonymes Beratungstelefon der
deutschen Aidshilfe
(in Großstädten ohne Vorwahl, in
allen anderen Orten mit der Vorwahl
der nächstgelegenen Großstadt)
Tel.: 1 94 11

[allgemeine beratungsstellen]

Deutscher Caritasverband
Karlstr. 40
79104 Freiburg
Tel.: 0761 / 20 00

Deutsches Rotes Kreuz
Friedrich-Ebert-Allee 71
53113 Bonn
Tel.: 0228 / 541-0

Deutscher Paritätischer Wohlfahrtsverband e.V.
Gesamtverband
Heinrich-Hoffmann-Str. 3
60528 Frankfurt am Main
Tel.: 069 / 670 60

Deutsche AIDS-Hilfe e.V. (DAH)
Dieffenbachstr. 33
10967 Berlin
Tel.: 030 / 69 00 87-0

Diakonisches Werk der Evangelischen Kirche in Deutschland
Stafflenbergstr. 76
70010 Stuttgart
Tel.: 0711 / 215 90

PRO FAMILIA
Deutsche Gesellschaft für
Familienplanung, Sexualpädagogik
und Sexualberatung e.V.
Bundesverband
Stresemannallee 3
60596 Frankfurt am Main
Tel.: 069 / 63 90 02

Sozialdienst katholischer Frauen
Zentralstelle
Agnes-Neuhaus-Str. 5
44135 Dortmund
Tel.: 0231 / 55 70 26-0

Durchblick
Infoservice für Jugendliche
über Empfängnisverhütung
und Sexualität
Postfach 1272
85762 Oberschleißheim
Tel.: 0130 / 34 31

Bundeszentrale für gesundheitliche Aufklärung
Ostmerheimer Str. 220
51109 Köln
Tel.: 0221 / 899 20

Deutsche Arbeitsgemeinschaft für Jugend- und Eheberatung e.V.
(DAJEB)
Neumarkter Str. 84c
81673 München
Tel: 089 / 436 10 91

■ ■ ■ ■ ■ ■

[pro-familia-adressen]

**Landesverband
Baden-Württemberg**
Haußmannstr. 6
70188 Stuttgart
Tel.: 0711 / 25 993-53

**Beratungsstellen
Karlsruhe**
Amalienstr. 25
76133 Karlsruhe
Tel.: 0721 / 92 05 05

Mannheim
M 2, Nr. 14
68161 Mannheim
Tel.: 0621 / 277 20

Stuttgart
Schloßstr. 60
70176 Stuttgart
Tel.: 0711 / 65 67 90-6

**Landesverband
Bayern**
Düsseldorfer Str. 22
80804 München
Tel.: 089 / 306 11-285

**Beratungsstellen
München**
Türkenstr. 103/I
80799 München
Tel.: 089 / 33 00 84-0

Augsburg
Hermanstr. 1
86150 Augsburg
Tel.: 0821 / 45 03 62-0

Passau
Bahnhofstr. 32 a
94032 Passau
Tel.: 0851 / 531 21

[pro-familia-adressen]
Fortsetzung

Regensburg
Ludwig-Eckert-Str. 8
93049 Regensburg
Tel.: 0941 / 70 44 55

**Landesverband
Berlin**
Kakkreuthstr. 4
10777 Berlin
Tel.: 030 / 213 90 20

**Beratungsstelle
Berlin**
Kakkreuthstr. 4
10777 Berlin
Tel.: 030 / 39 84-98 98

**Landesverband
Bremen**
Hollerallee 24
28209 Bremen
Tel.: 0421 / 340 60 60

**Beratungsstelle
Bremen**
Hollerallee 24
28209 Bremen
Tel.: 0421 / 340 60 30

**Landesverband
Brandenburg**
Gartenstr. 42
14482 Potsdam
Tel.: 0331 / 740 83 97

**Beratungsstellen
Brandenburg**
Steinstr. 8
14776 Brandenburg
Tel.: 03381 / 21 17 20

Frankfurt an der Oder
Ferdinandstr. 16
15230 Frankfurt/Oder
Tel.: 0335 / 32 53 65

Potsdam
Heinrich-Mann-Allee 7
14473 Potsdam
Tel.: 0331 / 86 06 68

**Landesverband
Hamburg**
Kohlhöfen 21
20355 Hamburg
Tel.: 040 / 309 97 49 30

**Beratungsstelle
Hamburg**
Kohlhöfen 21
20355 Hamburg
Tel.: 040 / 309 97 49 10

**Landesverband
Hessen**
Palmengartenstr. 14
60325 Frankfurt am Main
Tel.: 069 / 44 70 61

**Beratungsstellen
Darmstadt**
Landgraf-Georg-Str. 120
64287 Darmstadt
Tel.: 06151 / 42 94 20

Frankfurt am Main
Palmengartenstr. 14
60325 Frankfurt am Main
Tel.: 069 / 90 744 744

Kassel
Frankfurter Str. 133a
34121 Kassel
Tel.: 0561 / 274 13

Landesverband
Mecklenburg-Vorpommern
Barnstorfer Weg 50
18057 Rostock
Tel.: 0381 / 313 05

Beratungsstelle
Rostock
Barnstorfer Weg 50
18057 Rostock
Tel.: 0381 / 313 05

Landesverband
Niedersachsen
Steintorstr. 6
30159 Hannover
Tel.: 0511 / 36 36 08

Beratungsstellen
Braunschweig
Hamburger Str. 226
38114 Braunschweig
Tel.: 0531 / 32 93 85

Hannover
Am Marstall 2
30159 Hannover
Tel.: 0511 / 30 18 57-80

Osnabrück
Georgstr. 14/16
49074 Osnabrück
Tel.: 0541 / 239 07

Landesverband
Nordrhein-Westfalen
Postfach 13 09 01
42036 Wuppertal
Tel.: 0202 / 245 65 10

Aachen
Monheimsallee 11
52062 Aachen
Tel.: 0241 / 363 57

Bielefeld
Stapenhorststr. 5
33615 Bielefeld
Tel.: 0521 / 12 40 73

Bochum
Hans-Böckler-Str. 10a
44787 Bochum
Tel.: 0234 / 123 20

Bonn
Poppelsdorfer Allee 15
53115 Bonn
Tel.: 0228 / 242 22 43

Düsseldorf
Himmelgeister Str. 107a
40225 Düsseldorf
Tel.: 0211 / 31 50 51

Duisburg
Oststr. 172
47057 Duisburg
Tel.: 0203 / 35 07 00

Köln
Hansaring 84-86
50670 Köln
Tel.: 0221 / 12 20 87

FINDER adressen

[pro-familia-adressen]
Fortsetzung

DEUTSCHLAND

Krefeld
Mühlenstr. 42
47798 Krefeld
Tel.: 02151 / 248 34

Mönchengladbach
Friedhofstr. 39
41236 Mönchengladbach
Tel.: 02166 / 24 93 71

**Landesverband
Rheinland-Pfalz**
Schießgartenstr. 7
55116 Mainz
Tel.: 06131 / 23 63 50

**Beratungsstellen
Koblenz**
Schenkendorfstr. 24
56068 Koblenz
Tel.: 0261 / 348 12

Mainz
Quintinsstr. 6
55116 Mainz
Tel.: 06131 / 287 66 10

**Landesverband
Saarland**
Mainzer Str. 106
66121 Saarbrücken
Tel.: 0681 / 645 67

**Beratungsstelle
Saarbrücken**
Mainzer Str. 106
66121 Saarbrücken
Tel.: 0681 / 96 81 76 76

**Landesverband
Sachsen**
Weststr. 56
09112 Chemnitz
Tel.: 0371 / 355 67 90

**Beratungsstellen
Leipzig**
Egelstr. 4a
04103 Leipzig
Tel.: 0341 / 232 43 19

**Landesverband
Sachsen-Anhalt**
Richard-Wagner-Str. 29
06114 Halle
Tel.: 0345 / 522 06 36

**Beratungsstellen
Halle**
W.-von-Klewiz-Str. 11
06132 Halle
Tel.: 0345 / 77 48 242

Magdeburg
Lübecker Str. 24
39124 Magdeburg
Tel.: 0391 / 252 41 33

**Landesverband
Schleswig-Holstein**
Marienstr. 29-31
24937 Flensburg
Tel.: 0461 / 909 26-20

**Beratungsstellen
Flensburg**
Marienstr. 29-31
24937 Flensburg
Tel.: 0461 / 90 92 6-40

[allgemeine beratungsstellen]

Kiel
Beselerallee 44
24105 Kiel
Tel.: 0431 / 862 30

Lübeck
Aegidienstr. 77
23552 Lübeck
Tel.: 0451 / 62 33 09

**Landesverband
Thüringen**
Erfurter Str. 28
99423 Weimar
Tel.: 03643 / 77 03 03

**Beratungsstellen
Erfurt**
Bahnhofstr. 27/28
99084 Erfurt
Tel.: 0361 / 373 16 87

Weimar
Erfurter Str. 28
99423 Weimar
Tel.: 03643 / 599 04

▪ ▪ ▪ ▪ ▪ ▪

SCHWEIZ

Dachverband PRO FAMILIA
Laupenstr. 45
3001 Bern
Tel.: 0041 / 31 / 381 90 30

Caritas Schweiz
Löwenstr. 3
CH-6002 Luzern
Tel.: 0041 /41 / 419 22 22

Beratungsstellen

**Beratungsstelle für
Familienplanung**
Metzgergasse 20
5000 Aarau
Tel: 0041 / 62 / 822 55 22

Frauengesundheitszentrum
Aarbergergasse 16
3011 Bern
Tel.: 0041 / 31 / 312 31 20
Familienplanung und Partnerschaft
Beratungsstelle
Rosenbergstr. 10
9001 St. Gallen
Tel.: 0041 / 71 / 222 88 11

**Beratungsstelle der
Frauenstelle Zug**
(Sexual- und
Schwangerschaftsfragen)
Tiroler Weg 8
6300 Zug
Tel.: 0041 / 41 / 725 26 40

FINDER adressen

SCHWEIZ

**Ehe- und
Schwangerschaftsberatung**
Hirschmannstr. 30 b
6003 Luzern
Tel.: 0041 / 41 / 210 10 87

Pro Juventute
Zentrale
Seehofstr. 15
8022 Zürich
Tel.: 0041 / 1 / 256 77 77

**Association Suisse de planning
familial et d'éducation sexuelle**
Avenue de Beaulieu 9
1004 Lausanne
Tel. : 0041 / 21 / 661 22 33

**Aktion schwanger.
ratlos–wir helfen**
Hilfs- und Beratungsstelle
Postfach 189
3084 Wabern
Tel.: 0041 / 31 / 961 64 74

AIDS-Hilfe Schweiz
Konradstr. 20
8005 Zürich
Tel.: 0041 / 44 / 447 11 11

[telefonnummern]

Aargau
Tel.: 0041 / 62 / 824 44 50

Basel
Tel.: 0041 / 61 / 685 25 00

Bern
Tel.: 0041 / 31 / 390 36 36

Freiburg
Tel.: 0041 / 26 / 424 24 84

Genf
Tel: 0041 / 22 / 906 40 40

Graubünden
Tel.: 0041 / 81 / 252 49 00

Jura
Tel.: 0041 / 32 / 423 23 43

Neuenburg
Tel.: 0041 / 32 / 737 73 73

Ostschweiz
Tel.: 0041 / 71 / 223 38 68

Solothurn
Tel.: 0041 / 32 / 622 50 92

Tessin
Tel.: 0041 / 91 / 923 80 40

Waadt
Tel.: 0041 / 21 / 320 40 60

Wallis
Tel.: 0041 / 24 / 485 30 30
Tel.: 0041 / 27 / 322 87 57

Zentralschweiz
Tel.: 0041 / 41 / 859 17 27
Tel.: 0041 / 41 / 710 48 65

Zürich
Tel.: 0041 / 44 / 455 59 00

[allgemeine beratungsstellen]

Verein „WIFF"
Hauptplatz 2
9100 Völkermarkt
Tel.: 0043 / 4232 / 47 50

**Familienzentrum
Niederösterreich-Süd**
Baumkirchner Ring 7
2700 Wiener Neustadt
Tel.: 0043 / 2622 / 280 85

**Verein für Jugend- und
Familienberatung**
Beratungsstelle „Bily"
Weißenwolffstr. 17a
4020 Linz
Tel.: 0043 / 732 / 77 04 97

Sexualberatungsstelle Salzburg
Platzl 2
5020 Salzburg
Tel.: 0043 / 662 / 87 08 70

Steirischer Familienbund
Alter Bahnhof
8443 Gleinstätten
Tel.: 0043 / 3457 / 21 55 16

Pro Juventute
Hauptplatz 3
8970 Liezen
Tel.: 0043 / 3612 / 22 485

Jugendberatungsstelle Mühletor
Schillerstr. 18
6800 Feldkirch
Tel.: 0043 / 5522 / 76 72 90

Familien- und Jugendberatung
Dr. Herbert Nägele
In der Telle 7
6921 Kennelbach
Tel.: 0043 / 5574 / 778 99

All about Eve
Alles, was Jungs über Mädchen wissen müssen

192 Seiten   ISBN-10:   3-570-30334-9
ISBN-13: 978-3-570-30334-4

Wer ist schon der perfekte Mädchenversteher? Hier erzählen dir 11 Mädchen ganz offen von ihren Erfahrungen und Gefühlen: Vom Verknalltsein und Küssen, vom ersten Date und vom ersten Mal, von Eifersucht und Fremdgehen.
Außerdem: Tipps und Ratschläge von kompetenten Psychologen, aufschlussreiche Tests und interessante Specials ... einfach alles was ihr Jungs über Mädchen wissen müsst!

www.cbj-verlag.de

Karen Rivers
Miss Kiss

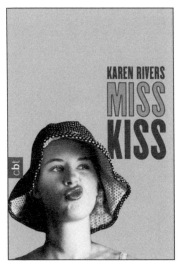

320 Seiten　　　　cbt 30187

Unglücklich verliebt, von der Katze zerkratzt, eine verkorkste Frisur, zwei Veilchen und fünf Kilo Übergewicht. Für die 16-jährige Haley kann es eigentlich nicht schlimmer kommen. Aber dann trifft sie Brad und ausgerechnet der verpasst ihr die riesigsten Knutschflecken aller Zeiten. Und Haley merkt: Knutschflecken sind für alle superlustig, nur nicht für die Geknutschte …

www.cbj-verlag.de

Louise Rennison
Frisch verknutscht

320 Seiten   cbt 30221

Georgia ist solo: Sexgott Robbie ist in Neuseeland, Schafe hüten, und ohne ihn macht Knutschen keinen Spaß. Oder doch?
Da ist nämlich Massimo, halb Italiener, halb Amerikaner. Er ist der neue Sänger ihrer Lieblingsband und, wow, sooo lecker! Und dieser prickelnde Akzent! Georgias Knutschlust ist geweckt und nicht mehr zu stoppen.

www.cbj-verlag.de